U0962485

■ 新编高等院校财经类创新系列精品教材

成本会计理论与实务

主　编　彭金媛　刘海燕
副主编　张　芳　杨士英　张　莉
参　编　郭玉洁　万　红　田　坤
　　　　郭　婧

中国商业出版社

图书在版编目(CIP)数据

成本会计理论与实务/彭金媛,刘海燕主编.—北京:中国商业出版社,2014.9

ISBN 978-7-5044-8486-4

Ⅰ.①成… Ⅱ.①彭…②刘… Ⅲ.①成本会计-教材 Ⅳ.①F234.2

中国版本图书馆CIP数据核字(2014)第097553号

责任编辑:蔡凯

中国商业出版社出版发行

010-63180647 www.c-cbook.com

(100053 北京广安门内报国寺1号)

新华书店总店北京发行所经销

北京市书林印刷有限公司印刷

* * * * *

开本:787×1092毫米 1/16 12印张 320千字

2014年9月第1版 2014年9月第1次印刷

定价:30.00元

* * * *

(如有印装质量问题可更换)

内容提要

本书是为适应我国会计改革的需要，依据现代会计理论，按照财政部发布的新《企业会计准则》和新《企业财务通则》的有关规定，并吸收会计工作和会计教学的实践经验以及同类教材的优点编写而成。为了满足不同层次读者的需要，本书的编写力图体现如下特点：

1. 在内容规划上，突出应用性，加强实际操作能力的培养。

2. 在体系安排上，既体现成本计算程序的顺序，又符合教学规律要求。

全书共九章，主要内容有：总论、成本核算的要求与一般程序、生产经营费用的核算、产品成本计算方法概述、产品成本计算的品种法、产品成本计算的分批法、产品成本计算的分步法、产品成本计算的辅助方法、成本报表的编制与分析。

本书可作为高职高专财经类专业的教材，也可作为成人教育和自学使用。

前　言

高职高专教育作为我国高等教育的重要组成部分，其根本任务是培养具有较强实际工作能力的应用型人才。高职高专学生应在掌握必要的基础理论和基础知识基础上，重点掌握从事本专业领域实际工作的专门知识和职业技能。

为了体现高职高专的教育特色，培养适应社会需要的应用型人才，必须配备理论与实践紧密结合的、富有高职高专教学特色的教材。本书按照教育部最新制定的《高职高专教育会计基础课程教学基本要求》，依据国家财政部发布的新《企业会计准则》，坚持务实、通用、与现实相结合的特点，在充分汲取了我国会计工作和会计教学实践经验，以及同类教材优点的基础上编写而成。主要特点如下：

（一）本书由长期从事成本会计课程讲授、能准确把握成本会计学科的重点和难点的教师编写，各章节辅以具体的案例，因此学生能够体会到成本会计和现实联系的紧密性。各章内容按“案例导入——学习目标——正文——课后思考”的体例编写，以案例为始、以问题为引，能激发学生学习和思考的兴趣。

（二）教材的编排合理，既符合企业成本核算的程序，又符合教学规律的要求。本教材体系共分为三大部分：第一部分即第一章，为成本会计基础理论部分；第二部分为产品成本核算部分，包括第二章至第八章，这一部分是本教材的主体和核心，分别按照产品成本计算程序和成本核算的要求讲述了产品成本各构成要素的核算方法和产品成本的计算方法；第三部分即第九章，是成本管理部分。

（三）学习成本会计自然离不开必要的练习，本书另配套编写了《成本会计理论与实务实训教程》教材，既通过习题加强了理论知识的理解，又通过仿真实训，培养了学生的实际操作能力，提高学生职业能力。

本书由河北工程技术学院的彭金媛、刘海燕任主编，张芳、杨士英、张莉任副主编。编写人员分工如下：第一章由河北工程技术学院张莉编写；第二章由石家庄交通职业技术学院郭玉洁编写；第三章 、第四章由河北工程技术学院彭金媛编写；第五章、第六章由河北工程技术学院杨士英编写；第七章由河北工程技术学院刘海燕编写；第八章、第九章由石家庄交通职业技术学院张芳编写，万红、田坤、郭婧也参与了本书的编写工作。全书最后由彭金媛总纂、定稿。

本书在编写过程中，编者参阅了有关专家学者的教材和论著（见书后参考文献），在此致以诚挚的谢意。

由于编者水平有限，书中难免有错漏和不足之处，敬请广大读者不吝批评指正。

编　者

2014 年 9 月

目 录

第一章　总论

【学习目标】

★知识目标：

· 掌握成本的涵义

· 理解产品成本与生产费用的区别与联系

· 了解成本会计的对象、职能和任务

· 了解成本会计的组织形式

★能力目标：

· 能正确区分成本、费用和支出的异同

· 能正确进行成本分类

案例导入

沃尔玛，从1962年第一家商店的出现迄今不过短短数十年，在这么短的时间内，沃尔玛成长为世界零售业中排名第一，并能与微软、通用电器等巨型公司相媲美，实在让人惊叹。

沃尔玛把自己的成功归于商品物美价廉和对顾客的优质服务。

首先，沃尔玛有自己独特的进货和配送渠道。沃尔玛直接从厂家进货，然后送至配货中心，再由专用车队运往各地直接销售。公司因此能迅速掌握商品进、销、存情况和市场需求趋势，做到既不积压，又不断货，最大限度地加速资金周转，降低资金成本和仓储成本。

其次，压缩广告费用。沃尔玛每年只在媒体上做几次广告，大大低于一般的百货公司每年的50－100次的水平。

最后，从经理到雇员，都做到了勤俭节约、杜绝浪费。全美零售业平均损耗率为2%，而沃尔玛商品损耗率只有1%，大大降低了成本。

试想，在市场竞争日趋激烈的今天，如果沃尔玛没有如此完备有效的成本核算控制系统，能做到如此辉煌的成绩吗？成本真有这么大的影响力吗？

第一节 成本会计概述

现代社会，企业间竞争异常激烈，优胜劣汰成为必然。作为生产企业来说，企业竞争实质上是产品竞争。产品竞争优势的决定因素很多，如价格、款式、质量、售后服务等，但价格是最重要的一个因素。因为企业达到一定的经营管理水平后，产品竞争就是价格竞争。价格决定于成本。因此，正确核算并加强成本管理成为企业内部管理追求的重要目标。现代成本会计也是适应这种要求而产生和发展的。

一、成本与成本会计

（一）成本

成本是一个行为主体为了达到预定的目标而发生的耗费，它表现为一定的人力、物力和财力的消耗，如物质生产部门在生产产品的过程中要消耗原材料、支付人员工资、开支管理费用等，这些耗费的货币表现形式，在会计中被称为费用，又可称为广义的成本。不同行业的会计对成本的处理是不同的。在政府机关、事业单位等不以营利为目的的单位里，其成本开支不依靠自身创造的收入来补偿，而是通过国家财政预算拨款予以满足，因而不需要进行成本核算和成本考核，只是通过费用预算或计划对发生的费用进行控制。在以营利为目的的物质生产部门及企业化管理的事业单位里，所发生的成本开支需要由单位自身的收入来补偿，就必须实行经济核算，努力做到以收抵支、自负盈亏、保证盈利。为此，对发生的成本费用要进行分类、归集和分配，计算出产品的总成本和单位成本，并依据成本资料进行成本分析和成本考核，以加强成本管理，降低成本支出。成本会计所研究的成本，主要是以营利为目的的单位所发生的各类成本费用。其中，物质生产部门为制造产品所发生的成本，即产品的生产成本，具有典型的意义。因此，本教材以制造企业的成本核算为主要内容来予以阐述。

商品作为用于交换的劳动产品，其价值是由三项内容组成的，即物化劳动的转移价值、活劳动中劳动者为自己创造的价值和劳动者为社会创造的价值。马克思指出："按照资本主义方式生产的每一个产品的价值，用公式来表示是 $W=C+V+M$。如果我们从这个产品价值中减去剩余价值 M，那么，在商品中剩下的只是一个在生产要素上耗费的资本价值 $C+V$ 的等价物或补偿价值。"马克思这里所说的商品的成本价格指的就是产品成本。即产品成本的经济内容包括物化劳动 C 和生产者必要的活劳动 V 两个部分。

正确理解产品成本的概念需要从耗费和补偿两个方面进行考察。从耗费角度看，产品成本是生产过程中所消耗的物化劳动和活劳动中必要劳动的价值，即 $C+V$ 部分，这是产品成本最基本的经济内涵；从补偿角度看，产品成本是补偿商品生产中资本消耗的价值尺度，即成本价格，是产品生产中已经耗费，又必须在价值或实物上得以补偿的支出。

按照持续经营的要求，企业的生产经营活动是不间断地进行的，产品的投入产出也就连续不断，若在全部生产活动结束后再计算产品成本，显然不符合成本管理和会计核算的要求。为此，要按照会计期间的划分，结合产品的生产特点，按会计期间或产品生产周期进行产品成本计算。在期末存在尚未完工在产品的情况下，同一会计期间的产品成本与当期的生产费用往往不相等，因此，需要按照会计分期假设和权责发生制原则确认应当归属一定种类和数量产品的生产耗费，这种对象化的生产耗费才构成了产品成本。简言之，产品成本是企业在一定的期间为生产一定品种和数量的产品或提供一定数量的劳务而发生的各种耗费。

实际工作中，产品的实际成本并不是其理论成本，为了促使企业加强经济核算，减少生产损失，有些不形成产品价值的损失(如废品损失、季节性和修理期间的停工损失)，也计入产品成本。而有些耗费，如企业行政管理部门为组织和管理生产经营活动而发生的管理费用，筹集生产经营资金而发生的财务费用，以及为产品销售而发生的销售费用则不计入产品成本，直接计入当期损益，因此产品的现实成本不是为产品生产所耗费的全部成本。

(二)成本会计

成本会计是随着商品经济的发展而逐步形成和发展起来的，以费用和成本为主要对象的一种专业会计。成本会计的最初阶段，其职能主要是进行成本计算，在相当长的时期内都作为财务会计的一个组成部分，主要运用财务会计的理论来组织产品成本计算。随着成本会计与企业内部管理的结合日益紧密，成本会计在预测、控制、分析、考核、决策等方面的技术方法逐步成熟，使现代成本会计的内容发展为成本管理。

二、成本会计对象

成本会计的对象是指成本会计核算、预测、决策、计划、控制、分析和考核的内容，即企业在生产经营过程中发生的资金耗费，明确成本会计的对象，对于更好地发挥成本会计在经济管理中的职能作用，有着重要的意义。

工业企业是典型的物质生产部门，是社会商品的主要生产者和经营者。其经营活动过程划分为供应、生产、销售三个阶段。生产过程是企业的中心环节，在产品生产过程中耗费的直接材料、直接人工、制造费用构成产品的生产成本即制造成本;企业在从事经营活动过程中还会发生销售费用、管理费用和财务费用，这此费用可以总称为企业的经营管理费用，其与产品成本没有直接的关系，仅与一定期间相联系，属于期间费用，直接计入当期损益，并不计入产品成本。由此可见，企业成本会计的对象是产品的生产成本和经营管理费用。

在其他行业里，如商品流通企业，其基本经济活动是从事商品购销活动，因此要发生商品的采购成本和销售成本;同时，还会发生销售费用、管理费用和财务费用，这些费用也不计入商品采购和销售成本。施工企业的基本经济活动是进行建筑工程的施工，在施工过程中要发生工程成本;同时还会发生管理费用和财务费用，这些费用也不计入工程成本。交通运输企业要发生客运及货运成本;同时也会发生管理费用和财务费用，等等。这些行业的销售费用、管理费用和财务费用也可以总称为经营管理费用，也都是这些行业的成本会计对象。

综上所述，成本会计的对象可概括为:各行业企业生产经营业务的成本和有关经营管理费用，简称成本、费用。因此，成本会计实际上是成本、费用会计。由于制造业的生产经营过程最具代表性，本书主要介绍制造业成本、费用的核算。

三、支出、费用与成本之间的关系

要深刻理解成本会计的对象，对支出、费用、成本之间的关系要有明确的认识。支出、费用、成本是三个关系极为密切的概念，下面就工业企业的支出、费用和产品成本，简要说明它们之间的关系。

(一)支出

支出是指企业在经济活动中发生的一切开支与耗费。就一般而言，企业的支出可分为资本性支出、收益性支出、投资支出、所得税支出、营业外支出和利润分配支出。

资本性支出是指该支出的发生不仅与本期收入有关，也与其他会计期间的收入有关，而且主要是为以后各期的收入取得而发生的支出。如企业购建的固定资产、无形资产以及对外投资等。

收益性支出是指一项支出的发生仅与本期收益的取得有关，因而它直接冲减当期收益，如企业为生产经营而发生的材料、工资等开支。

投资支出是企业为通过分配增加财富，或为谋求其他利益取得其他企业资产而让渡本企业资产的支出，包括短期投资支出、长期股权投资支出、长期债权投资支出等。

所得税支出是企业在取得经营所得与其他所得的情况下，按国家税法规定向政府缴纳的税金支出。所得税支出作为企业的一项费用也是直接冲减当期收益。

营业外支出是指与企业的生产经营业务没有直接联系的支出，如企业支付的罚款、违约金、赔偿金以及非常损失等。这些支出尽管与企业生产经营活动没有直接联系，但是与其收入的取得还是有关系的，因而也把它作为当期损益的扣减要素。

利润分配支出是指在利润分配环节的开支，如支付股利等。

(二)费用以及费用与支出的关系

费用是指企业在日常活动中发生的会导致所有者权益减少的与向所有者分配利润无关的经济利益的总流出。企业在生产经营活动过程中为获取营业收入需提供商品或劳务，在提供商品或劳务过程中会发生各种耗费，如原材料、动力、机器设备和人工耗费等。这些耗费或为制造产品而发生，或为实现产品销售而发生，或为以后确定的期间取得收入等而发生。费用按其同产品生产的关系可划分为生产费用和期间费用两类。

生产费用是指产品生产过程中发生的物化劳动和活劳动的货币表现，如直接材料、直接人工和制造费用等耗费，它同产品生产有直接关系。

期间费用是指同企业的经营管理活动有密切关系的耗费，它同产品的生产没有直接关系，但与发生的期间配比，应作为当期收益的扣减。企业的期间费用包括销售费用、管理费用和财务费用。

费用是企业支出的构成部分，在企业支出中凡是同企业的生产经营有关部分，即可表现或转化为费用，否则，不能列为费用。如企业用于购建固定资产、无形资产、其他资产及购买材料等与生产经营有关的支出，就能表现或转化为费用;而像长期的投资支出、利润分配性支出以及营业外支出等，因同企业的生产经营活动没有直接关系，因而不能视作费用。

(三)生产费用与产品成本的关系

成本是指企业为生产一定种类，一定数量的产品(或提供劳务)所发生的各种生产费用的总和(这里指狭义的成本)。

生产费用和产品成本是两个既互相关系又相互区别的概念。生产费用按照一定的产品加以归集和汇总，就是产品成本，所以生产费用是产品成本的基础。而产品成本则是反映某一时期内某产品应承担的生产费用。根据权责发生制原则，企业某一期间发生的生产费用与归属产品的期间并不完全一致，因此，企业某一会计期间实际发生的生产费用总和不一定等于该期产品成本的总和。

四、成本的作用

成本作为生产经营中的耗费，对企业的生存与发展、耗费的补偿、产品的定价、产品经营决策等都具有十分重要的作用。

（一）成本是生产耗费的补偿尺度

企业的生产经营过程，同时也是生产的耗费过程，为了维持企业的再生产，企业必须用其收入对生产经营中的耗费予以补偿，简单再生产才能顺利进行。借助成本指标，可以明确揭示企业为生产产品所耗用的资本的数量，从而为企业维持简单的再生产提供资金补偿。同时成本也是企业确定经营损益的重要依据，因为收入减去费用等于利润，费用越低，利润就越高。只有抵补了生产经营过程中所发生的耗费后，企业才能盈利。

（二）成本是企业制定和选择决策的重要依据

企业为了自身的发展以及适应市场的竞争的需要，随时需要进行科学的经营决策。企业的许多决策（如生产决策、新产品开发决策、投资决策、存贷决策）方案的内容和成本都有着密切的关系，在决策方案上常常以成本最小化、利润最大化为标准来确定最佳方案。因此，成本成为企业生产经营决策中不可忽视的重要因素，要想减少或避免决策失误，必须充分意识到成本在决策中的重要作用。

（三）成本是综合反映企业工作质量的重要指标

企业成本的形成和工作质量有着紧密的联系，产品成本的高低，是企业生产、技术和经营管理水平的综合反映。企业劳动生产率的高低，原材料的利用程度，固定资产的使用效率，产品质量的优劣，产品产量的大小，企业定额或预算管理工作的好坏以及产品质量的好坏都能通过产品的成本直接或间接地体现出来。因此，成本是衡量企业工作质量的综合性指标。

（四）成本是制定产品价格的重要依据

国家和企业在制定产品价格时都应遵守价值规律的基本要求，使价格大体与产品价值相符。通常情况下，产品的价格应高于成本，否则劳动消耗就不能得到补偿，就会发生亏损，长此下去，企业再生产就难以为继。因此，成本费用是制定产品价格的重要依据，当然，在实际工作中，商品、产品销售价格的制定是一项复杂的工作。在确定商品、产品价格时，任何一个企业都不可能仅依据本企业的产品成本水平来制定产品的价格，还要考虑市场供求关系、国家价格政策等其他有关定价因素制定产品的价格。虽然影响产品价格的因素很多，但成本始终是产品定价的基础，一般情况下，成本是产品定价的最低界限。

第二节 成本会计的职能与任务

一、成本会计的职能

成本会计的职能是指成本会计在企业的经济管理中所具有的客观功能，成本会计的基本职能是成本核算和成本监督，随着经济的发展，成本会计的职能越来越大，现代成本会计的职能包括以下七个方面。

（一）成本预测

成本预测是指根据成本核算的有关数据，以及可能发生的企业内外环境变化和可能采取的各项措施，运用一定的技术方法对未来的成本水平及其发展趋势所做出的科学估计。通过成本预测，可以减少生产经营管理的盲目性，有利于选择最优方案，提高成本管理的科学性与预见性。

（二）成本决策

成本决策是在成本预测的基础上，按照既定的目标，运用一定的方法，在若干个与生产经营和成本有关的方案中，选择最优方案的过程。做出最优化的成本决策是编制成本计划的前提，也是实现成本的事前控制、提高经济效益的途径。

（三）成本计划

成本计划是根据成本决策所确定的目标成本，具体规定出在计划期内为完成规定的任务所应达到的水平，并提出为达到规定的成本水平所应采取的措施方案。成本计划是建立成本管理责任制的基础，对于控制成本、增强员工的成本意识、挖掘降低成本潜力有重要的作用。也是进行成本分析和成本考核的依据。

（四）成本控制

成本控制是根据成本计划，对成本发生和形成过程以及影响成本的各种因素进行限制与监督，使之能按预定的计划进行的一种管理活动。通过成本控制可以保证成本目标的实现。成本控制包括事前控制、事中控制和事后控制。通过成本控制，可以防止浪费，及时揭示存在的问题，减少生产损失，实现成本管理目标。

（五）成本核算

成本核算是根据一定的成本计算对象，采用适当的成本计算方法，按规定的成本项目，通过各费用要素的归集和分配，计算出各成本计算对象的总成本和单位成本。成本核算既是对生产经营过程中发生的生产耗费进行如实反映的过程，也是进行反馈和控制的过程。通过成本核算可以反映成本计划完成情况，并为进行成本预测、编制下期成本计划提供可靠的资料，同时也为以后的成本分析和成本考核提供必要的依据。

（六）成本分析

成本分析是在成本核算和其他有关资料的基础上，运用一定的方法，揭示产品成本水平的变动，进一步查明影响产品成本变动的各种因素和原因的过程。通过成本分析，可以正确认识和掌握成本变动的规律，有利于实现降低成本的目标，为编制下一期的成本计划和制定新的经营决策提供依据。

（七）成本考核

成本考核是定期对成本计划及其有关指标实际完成情况进行总结和评价，以监督和促使企业加强成本管理责任制，履行经济责任，提高成本管理水平。成本考核一般与奖惩制度结合，以调动各责任人努力完成目标成本的积极性。

成本会计的各项职能是相互联系、相互依存的。成本预测是成本决策的前提，成本决策是成本预测的结果；成本计划是成本决策所确定目标的具体化；成本控制是对成本计划实施进行的监督；成本核算是对成本计划是否完成的检验；成本分析是对计划完成与否的原因进行的检查；成本考核则是实现成本计划的重要手段。这七项职能中，成本核算是基础，没有成本核算，其他各项职能都无法进行。

上述成本会计的职能，即成本会计的具体内容，其中对生产经营业务成本和经营管理费用进行成本核算和分析的成本会计是狭义的成本会计；而对生产经营业务成本和经营管理费用进行预测、决策、计划、控制、核算、分析和考核的成本会计是现代广义的成本会计。广义的成本会计包括狭义的成本会计，本教材以狭义成本会计为主。另外，在阐述狭义成本会计内容时，又以狭义成本会计对象中的产品成本为主，对经营管理费用只是在费用分配时对涉及到的部分作分录处理，其内容不作专门说明，主要考虑与财务会计的衔接。

二、成本会计的任务

成本会计的任务是由成本会计的职能和企业经营管理的要求所决定的，同时还受成本会计对象所制约。因此，其根本任务是在成本会计对象的范围内，为企业经营管理提供所需的成本会计信息，促使企业不断降低产品成本，提高经济效益。其具体任务包括：

1. 及时、正确地进行成本核算，为企业的经营管理提供有用的成本费用信息；
2. 严格审核和控制各项费用支出，努力节约开支，不断降低成本；
3. 进行成本预测、决策，编制成本计划和费用预算，为提高企业管理水平和经营管理效果服务；
4. 定期进行成本分析、考核企业的经营成果，为企业经营决策提供依据。

第三节 成本会计工作的组织

一、成本会计工作组织应遵循的主要原则

（一）有利于技术与经济的结合

成本是一项综合性的经济指标，它受多种因素的影响。其中产品的设计、加工工艺等技术是否先进、在经济上是否合理，对产品成本的高低都有着决定性的影响。在传统的成本会计工作中，会计部门多注重产品加工中的耗费，而对产品的设计、加工工艺、质量、性能等与产品成本之间的联系则考虑较少，甚至有的成本会计人员不懂基本的技术问题。相反，工程技术人员考虑产品技术方面的问题相对较多，而对产品的成本则考虑较少。这种技术与经济的脱节，使得企业在降低产品成本方面受到了很大限制，成本会计工作也往往仅限于事后算账，只是起提供核算成本资料的作用。

因此，为了在提高产品质量的同时不断降低成本，提高企业经济效益，在成本会计工作的组织上就应贯彻技术与经济相结合的原则。不仅要求工程技术人员要懂得相关的成本知识，树立成本意识；成本会计人员也必须改变传统的知识结构，具备与正确进行成本预测、参与经营决策相适应的生产技术方面的知识。只有这样，才能在成本管理上实现技术与经济的结合，才能使成本会计工作真正发挥其应有的作用。

（二）有利于成本管理经济责任制的落实

为了降低成本，实行成本管理上的经济责任制是一条重要的途径。由于成本会计工作是一项综合性的价值管理工作，涉及面宽、信息丰富，因此，企业应摆脱传统上只注重成本会计事后核算作用的片面性，充分发挥成本会计的优势，将其与成本管理上的经济责任制有机地结合起来，这样可以使成本管理工作收到更好的效果。例如，在实行成本分级分口管理的情况下，应使成本会计工作处于中心地位，由其具体负责组织成本指标的制定、分解、落实，日常的监督检查，成本信息的反馈、调节以及成本责任的考核、分析、奖惩等工作。又如，为了配合成本分级分口管理，不仅要搞好厂一级的成本会计工作，而且应该完善各车间的成本会计工作，使之能进行车间成本的核算和分析等工作，并指导和监督班组的日常成本管理工作，从而使成本会计工作渗透到企业生产经营过程的各个环节之中，从而更好地发挥其在成本管理经济责任制中的作用。

（三）把成本会计工作建立在广泛的群众基础之上

不断挖掘潜力，努力降低成本，是成本会计的根本性目标。企业各种耗费是在生产经营的各个环节中发生的，成本的高低取决于各部门、车间、班组和职工的工作质量。同时，各级、各部门的职工群众最熟悉生产经营情况，最了解哪里有浪费的现象，哪里有节约的潜力。因此，要加强成本管理，实现降低成本的目标，就不能仅靠几个专业人员，而必须充分调动广大群众在成本管理上的积极性和创造性。为此，成本会计人员还必须做好成本管理方面的宣传工作，经常深入实际了解生产经营过程中的具体情况，与广大职工群众建立起经常性的联系；吸收广大群众参加成本管理工作，增强广大职工群众的成本意识和参与意识，以便互通信息，掌握第一手资料，从而把成本会计工作建立在广泛的群众基础之上。

二、成本会计机构

企业的成本会计机构，是在企业中直接从事成本会计工作的机构。

（一）影响成本会计机构设置的因素

由于成本会计是企业会计工作的一部分，因而企业的成本会计机构也是企业会计机构的一部分。影响成本会计机构设置的因素主要有两个：一是业务类型和经营规模；二是与财务会计机构的关系。企业的业务类型和经营规模是影响成本会计工作业务复杂程度的最重要因素。一般而言，大规模企业的成本会计工作复杂，工业企业、施工企业成本会计工作又较其他类型的企业复杂一些。因此，企业在设置成本会计机构、配备成本会计人员时，必须同企业生产经营规模和业务类型相适应。第二，成本会计与财务会计是企业会计核算体系中既有联系又有区别的两个重要组成部分，在实际工作中，有的企业将成本会计组织机构与财务会计组织机构分别设置，有的企业将成本会计核算作为财务会计的一个组成部分。成本会计组织机构和财务会计机构分别设置，便于加强成本会计工作和内部控制，但往往会带来联系脱节、各部门相互推诿等弊端。因此，在大中型生产企业里，通常在专设的会计机构中，单独设置成本会计科、组或室，配备必要的具备成本会计专业知识的人员从事成本会计工作。在规模小、会计人员不多的生产企业，通常在会计部门中指定专人负责处理成本会计工作。

（二）成本会计机构的分工

成本会计机构内部的组织分工，既可以按成本会计的职能分工，如将厂部成本会计科分为成本核算和成本分析等小组；也可以按成本会计的对象分工，可分为产品成本和经营管理费用核算小组等。

企业内部各级成本会计机构之间的组织分工，有集中工作和分散工作两种方式。

集中工作方式，是指成本会计工作中的核算、分析等工作，主要集中在厂部成本会计机构进行；车间等其他单位的成本会计机构或人员只负责原始记录的登记、原始凭证的填制以及初步审核、整理及汇总，为厂部成本会计机构进一步工作提供资料。在该方式下，车间等其他单位大多只配备专职或兼职的成本会计核算人员。采用这种方式的优点是：厂部成本会计机构可以比较及时的掌握整个企业的成本信息；便于集中实现成本会计电算化；还可以减少成本会计机构层次和成本会计人员的数量。缺点是：不便于进行责任成本的核算；不便于调动职工群众参与成本管理的积极性。这种方式一般在中小型企业中采用。

分散工作方式，也称非集中工作方式，是指成本会计工作中的核算、分析等工作分散由车间的成本会计机构或人员分别进行，厂部成本会计机构负责对各下级成本会计机构或人员进行业务上的指导和监督，并对全厂成本进行综合的核算和分析等工作。采用这种方式的优缺点与集中工作方式正好相反。这种方式一般在大中型企业中采用。

企业在确立成本会计的组织工作形式时，要以企业自身规模的大小和内部有关单位管理的要求为依据，从有利于充分发挥成本会计工作的职能作用以及提高成本会计工作效率的角度去考虑。一般来说，大型企业采用分散工作方式，中小企业采用集中工作方式为宜。也可以根据企业实际，将两种方式结合起来运用，即对某些部门采用分散工作方式，而对另一些部门则采用集中工作方式。

三、成本会计人员

成本会计工作质量主要取决于成本会计人员。因此，企业无论采用哪种成本会计工作方式，都应配备好成本会计人员。成本会计人员是从事成本会计工作的人员，负责对日常的成本会计工作进行处理。各企业应根据自身成本业务需要具体确定成本会计人员。企业规模大，成本业务多，可多配备成本会计人员；反之，少配备成本会计人员。总的要求是胜任，即既精于核算，又善于管理；既精通国家有关政策法规和企业一系列管理制度，又熟悉企业的生产工艺流程；既能很好履行国家有关法规规定的会计人员职责和权限，又能结合企业实际创造性地开展工作。

成本会计人员应有明确的分工，各负其责，如成本控制专人负责，成本预测、决策专人负责。

四、成本会计法规和制度

成本会计法规和制度是企业组织和从事成本会计工作必须遵守的规范，是会计法规和制度的重要组成部分。成本会计法规和制度按适用范围和制定权限划分，分为全国性成本会计法规制度和特定会计主体的成本会计制度。执行和制定成本法规制度可以使企业成本会计工作合法、有序，并保证成本会计资料真实、规范、及时和有效。

成本会计与财务会计有着紧密的联系，两者的核算资料是互通的，其核算基础也是一致的，因此财务会计应遵循的会计制度也是成本会计应遵循的会计制度。成本会计应遵循的法规和制度可以分为以下四个层次。

（一）《中华人民共和国会计法》

由全国人民代表大会常务委员会制定的《中华人民共和国会计法》，是我国会计工作的基本法，有关会计法规，包括成本会计的一切法规、制度，都应按照它的要求制定。它的法律形式确定了会计工作的地位和作用，可以提高人们对会计工作的认识，使人们端正对会计工作的态度；它可以使全体职工特别是会计人员依法办事，保证会计工作按照正常秩序进行。《中华人民共和国会计法》用法律方式明确了会计人员的职权和法律责任，并用法律形式保障了会计人员的职责不受侵犯。可以使会计人员更加敢于坚持原则、坚持制度、履行职责。

（二）《企业财务通则》和《企业会计准则》

《企业财务通则》和《企业会计准则》是国务院批准，由财政部发布的企业进行财务、会计工作的基本准则和规范。《企业财务通则》和《企业会计准则》的制定和实施，可以使企业的财务、会计工作适应社会主义市场经济的需要，规范企业会计工作，包括成本会计工作，提高财务管理和会计工作水平，并与国际惯例接轨，有利于企业加强经营管理，有利于吸收外资和对外开放。财政部在《企业会计准则》的前提下，制定了一系列企业会计的具体准则，这些具体准则对企业各类经济业务的会计处理进行了规范。其中，与成本会计有关的具体准则，更是规范成本会计工作的重要法规，如《企业会计准则——固定资产准则》、《企业会计准则——存货准则》。

(三)《企业会计准则指南》

为保证各类企业会计工作有序进行，财政部按照《企业会计准则》的要求，制定了《企业会计准则指南》。在我国，《企业会计准则指南》由财政部制定并颁布，与《企业会计准则》一样具有权威性。企业应根据本企业经营的特点，按《企业会计准则指南》的要求对本企业成本费用组织核算。

(四)企业会计制度和财务成本制度

企业会计制度是各企业根据《企业会计准则》，结合本企业具体情况自行制定的会计制度与财务成本制度。企业会计制度和财务成本管理制度，是企业进行成本会计工作的直接依据。企业会计制度和财务成本管理制度一经制定，要认真严格执行，保持相对稳定。但是随着客观形势的发展以及人们对客观事物认识的深化，成本会计制度也应做出适当的修改。企业成本会计机构和成本会计人员，应该在总会计师和会计主管人员的领导下，按照上述各种法规和制度的规定，分工协作，互相配合，共同做好成本会计工作，充分发挥成本会计的作用。

企业内部成本会计制度一般包括如下几个方面的内容：

(1)成本会计工作的组织分工及职责权限。

(2)成本定额、成本计划和费用预算的编制方法。

(3)成本核算的具体规定，包括成本计算对象、成本计算方法的确定，成本项目的设置，生产费用归集和分配方法、在产品计价方法的确定，以及成本核算的一些基础工作要求等。

(4)成本预测、成本控制和成本分析制度。

(5)成本报表制度，包括成本报表的种类、格式，指标体系、编制方法、报送对象与日期等。

成本会计制度一经确定，就应认真贯彻执行。但随着时间的推移，实际情况终会发生变化，这时应根据变化了的情况，对成本会计制度进行修订和完善，以保证成本会计制度的科学性和先进性。

【本章小结】

- 总论
  - 成本会计的概述
    - 成本与成本会计
    - 成本会计对象
    - 支出、费用与成本的关系
    - 成本的作用
  - 成本会计的职能与任务
    - 成本会计的职能
    - 成本会计的任务
  - 成本会计工作的组织
    - 成本会计工作组织应遵循的主要原则
    - 成本会计机构
    - 成本会计人员
    - 成本会计法规和制度

【复习思考题】

1. 什么是产品成本，什么是期间费用?
2. 试述成本会计的对象。
3. 现代成本会计职能有哪些？它们之间的关系如何?
4. 企业成本会计工作组织形式有哪些？简要说明它们的特点。
5. 试述生产费用与产品成本的关系。

第二章　成本核算的要求和基本程序

【学习目标】

★知识目标：

·掌握产品成本核算的原则和要求。

·掌握费用的各种分类。

·掌握产品成本项目。

·掌握成本核算的一般程序。

·掌握成本核算所需设置的账户。

★能力目标：

·能区分生产企业费用要素的内容，熟练地运用费用的各种分类标准进行费用划分，并能运用成本核算的基本账户解决实际问题。

案例导入

新兴公司2013年10月份有关费用资料如下：

生产耗用原材料100 000元，辅助材料7 000元，燃料3 000元，电费6 000元，生产工人工资50 000元，车间管理人员工资8 000元，车间办公费900元，生产用机器修理费1 700元，企业管理人员工资30 000元，办公费1 000元，支付购买原材料借款利息5 000元，支付购买车间用设备借款利息40 000元，固定资产报废清理损失2 400元。

公司成本会计人员将上述费用分类如下：

生产经营管理费用	255 000元
生产费用	176 600元
期间费用	36 000元

请用产品成本核算要求中“正确划分各种费用界限”的要求来评价该企业成本会计人员的费用分类项目的数额是否正确，并说明原因。

产品成本是对象化的费用集合，费用涉及的内容很广，既有计入产品成本的生产费用，又有计入当期损益的期间费用。所以，为科学地进行成本管理，正确计算产品成本和期间费用，需要对种类繁多的费用进行合理的分类。本章就成本核算的原则与要求、费用的分类、成本核算的一般程序等内容进行论述。

第一节　成本核算的原则与要求

一、成本核算的原则

企业生产经营管理的重要信息资料，即产品成本信息资料，其核算是提供信息资料的手段。为了使产品成本信息资料符合规定，达到正确、真实和及时的要求，核算必须讲究质量。要提高成本核算质量，必须要遵守成本核算的原则。产品成本核算原则主要有以下几个：

（一）实际成本原则

企业进行产品成本核算，可以采用不同的计价方法，如计划成本、定额成本、标准成本等，但在最后计算产品成本时，必须调整为实际成本，这是成本核算的基本原则。因为只有按实际成本核算，才能减少成本计算的随意性，才能使成本信息保持其客观性和可验证性。

在应用上主要体现为：一是某项成本发生时，按发生时的实际耗费数确认；二是完工入库的成产品成本按实际负担额计价；三是由当期损益负担的产品销售成本，也按实际数结账。

（二）可靠性原则

产品成本内容包括劳动力耗费、劳动资料耗费和劳动对象耗费等多个方面，其核算较为复杂，为使产品成本信息真实，对其核算要求应遵循可靠性原则。

可靠性原则包括真实性和可核实性两个方面的内容。

真实性就是所提供的成本信息与客观的经济事项相一致，不造假或人为的提高、降低成本。可核实性就是成本按一定的原则由不同的会计人员加以核算，都能得到相同的结果。

（三）重要性原则

产品成本的构成要素尽管很多，但每一要素在整个成本中占的分量和对成本管理所起的作用差别很大。从成本核算效益考虑，在成本核算过程中就不应该对每一成本构成要素的核算都要求十分准确。

成本核算重要性原则指的是对成本中重要的内容作为重点项目单独反映并力求准确，而对次要的、在成本项目中所占比例很小的内容则从简处理。

（四）及时性原则

成本资料是为企业内部管理服务的，但对外报告中也涉及成本信息，如资产负债表中的未分配利润项目和利润表中的相关项目。因此，无论是内部成本分析和成本考核、还是对外按期编送的会计报表，都要求成本核算要符合及时性原则。

及时性原则的要求包括：成本项目发生时，及时进行会计处理；当企业管理者提出一些特殊成本信息要求时，能及时提供；按期编制财务报表时，能及时提供成本资料。

（五）一致性原则

成本核算中所涉及的成本计算对象、成本项目、成本计算方法以及会计处理方法，前后各期必须一致，以使各期的成本资料有统一的口径，前后连贯，相互可比。这就对成本核算提出了一致性原则的要求。

一致性原则要求包括四方面内容：

一是某项成本要素发生时，确认该要素水平的方法前后各期应一致，如耗用材料计算方法、折旧计提方法等；二是成本计算过程中所采用的费用分配方法前后各期应一致，如制造费用分配方法、材料费用分配方法等；三是同一产品的成本计算方法前后各期应一致，如品种法、分批法、分步法等，前期选用的方法，后期不要随意变更；四是成本核算对象、成本项目的确定前后期应一致。当然，一致性并不是一成不变的，它有一个时间的要求。

二、成本核算的要求

（一）算管结合，算为管用

计算产品成本是为了加强成本管理，产品成本计算应与企业成本管理相结合，成本管理以产品成本计算为基础，准确及时地计算产品成本能为成本管理提供有用的成本信息，为企业制定合理的制度、计划打下基础。

（二）正确划分各种费用界限

企业在生产经营过程中会发生各种费用，产品成本的计算过程实际上是对发生的费用进行不断的划分、归集、分配的过程。因此，必须对发生的各种费用进行划分，分清各种费用界限。

1. 正确划分经营性支出和非经营性支出的界限

企业的经济活动是多方面的，其支出的用途不尽相同。为了保证不同企业提供的成本会计信息具有可比性，防止企业乱挤成本，对企业发生的各种支出，应严格分清是经营性支出，还是非经营性支出。具体包括：

（1）划清资本性支出和收益性支出的界限。

（2）划清费用成本和营业外支出（固定资产盘亏、非常损失、停工损失等）的界限。

2. 正确划分生产费用与期间费用界限

生产费用是指在会计期间内为企业提供一定的生产条件，以保证产品产销能力所发生的费用。由于投产的产品不一定在本期内全部完工，完工的产品也不一定在本期内全部销售，因此本期发生的生产费用并不等于计入本期损益的产品销售成本。

期间费用是指一定期间内企业在生产产品过程中所发生的费用。包括因销售产品、组织和管理生产经营活动以及筹集生产经营资金所发生的费用。由于期间费用与产品生产没有直接关系，因此，期间费用要全部计入当期损益。

企业必须划清生产费用与期间费用的界限，防止出现将期间费用计入生产费用，进而计入产品成本；或将生产费用计入期间费用，进而计入本期损益，人为地调节各期的产品成本和利润的现象。

3. 正确划分各个会计期间生产经营费用的界限

按照权责发生制原则的要求，对于生产费用和期间费用，凡是属于本期的费用，无论是否实际发生，都应予以确认并计入当期的生产费用或期间费用。凡是不属于本期的费用，无论其发生与否，都不得计入当期的生产费用或期间费用。

4. 正确划分各种产品的费用界限

为了分析考核各种产品的成本计划和成本定额的执行情况，应分别计算各种产品的成本。因此，应该计入本月产品成本的生产费用应在各种产品之间进行划分。计入产品成本的生产费用可分为直接费用和间接费用两种。直接费用是指能确定应由某种产品负担的费用，如产品生产耗用的原材料等，可直接计入各种产品的成本中。间接费用是指各种产品共同发生的费用，如车间的折旧费、保险费等;应采用科学合理的分配标准，通过分配计入各种产品成本。

只有划清各种产品之间生产费用的界限，才能正确计算各种产品的总成本和单位成本，有利于企业正确组织产品成本核算。

5. 正确划分完工产品成本和月末在产品成本的界限

通过对各种费用界限的划分，使各种产品归集了各自应负担的生产费用。在规定的时间对产品成本进行计算时，如果月末产品全部完工，则本月该产品归集的生产费用就构成了完工产成品的总成本;如果月末没有完工产品，则本月该产品归集的生产费用就构成了月末在产品的总成本;如果月末既有完工产品，又有在产品，则本月该产品归集的生产费用就需要采用一定的方法，在完工产品和月末在产品之间进行分配。

不得人为的提高或降低在产品的成本，造成完工产品成本的不真实。

(三)正确确定财产物资的计价和价值结转方法

工业企业的生产过程是各种劳动物资耗费的过程，在各种劳动物资耗费中，财产物资的耗费占有相当的比重，因此，合理确定企业财产物资的计价和价值结转方法对成本计算的正确性具有重要的意义。

企业财产物资的计价和价值结转方法主要包括：

1. 直接消耗物资的计价和价值结转

直接消耗物资主要是指企业在生产经营过程中耗用的原材料、辅助材料、燃料、包装物等，对这些物资企业可以采用实际成本计价，也可以采用计划成本计价。采用实际成本计价时，对消耗物资的价值应当采用先进先出法、加权平均法、个别计价法等方法进行计量和确认，并将确认的物资消耗价值结转计入当期的成本费用。采用计划成本计价时，对消耗物资的价值先按事先确定的计划成本计入当期的成本费用，到月末再计算材料成本差异率，确认消耗物资应负担的材料成本差异，将计入当期成本费用的消耗物资的计划成本调整为实际成本。

2. 间接消耗物资的计价和价值结转

间接消耗物资主要是指为企业在生产经营服务的劳动资料及其他长期资产，如固定资产、无形资产等。这些物资初始价值通常以历史成本原则计价，磨损价值则依据国家有关规定结合企业实际情况确定计价方法。

无论是直接消耗物资还是间接消耗物资，都必须正确确定计价方法和价值结转方法，做到既合理又简便。凡国家有统一规定的，应当采用国家有统一规定的方法，保证本企业各期成本费用计算的正确性和成本资料的可比性，也便于在不同企业之间进行比较;如国家没有统一的规定，则应根据企业实际情况，比照国家相近的规定合理制定处理方法。

(四)做好成本核算的各项基础工作

1. 建立健全费用成本核算的原始记录

原始记录是反映企业生产、技术和经营活动实际情况的最初书面凭证。它是按照规定的格式，对企业生产、技术和经营活动中材料的领用和耗费、工时的耗费、生产设备的运转、动力的消耗、费用的开支、废品的发生、产品质量的检验、在产品在生产过程中的转移、产成品和自制半成品的交库等，进行直接记录的凭证。建立严格的原始记录制度，制定合理的凭证传递流程，对加强企业产品成本具有重要意义。

企业应健全原始记录制度，制定各种原始凭证的传递程序，包括凭证传递所流经部门对凭证的处理程序等。原始记录要符合成本管理的要求，有利于班组经济核算的开展，力求简明，讲求实效，并根据实际情况及时修改，以充分发挥其作用。

2. 制定和修订各项消耗定额，搞好定额管理

定额是指企业在生产过程中，对人力、物力、财力的消耗及占用所制定的数量标准。

与成本有关的定额按内容分为：(1)劳动定额，如工时定额、产量定额、出勤率等；(2)材料、工具、动力消耗定额，如原材料消耗定额、材料利用率、材料损耗率定额；(3)费用定额，如有关制造费用和管理费用的限额；(4)质量定额，如产品合格率、一级品率、废品率、返修率；(5)固定资产利用定额，如设备利用率、固定资产利用率。

3. 建立健全计量验收制度

企业一切物资的收发都要经过计量、验收并办理必要的凭证手续，做好物资的计量、验收、领退和清查工作，是正确计算成本的重要前提，也是进行成本控制的基本条件。

需要做到以下几点：第一，要提高对这项工作重要意义的认识，同时还应该根据不同的计量对象，配置必要的计量器具；第二，应该设置专职的质量检验机构，结合群众性的质量把关活动，形成专职机构与群众性检查相结合的质量检验制度；第三，应建立计量仪器和器具的管理与定期检查制度。

4. 内部结算制度

内部结算价格是指企业内部各单位之间的计价结算的价格。对于原材料、辅助材料、燃料、动力、在产品、半成品和各种劳务等，都要制定合理的内部结算价格。内部结算价格的制定，通常是以产品计划单位成本为准，有些单位以产品计划单位成本加上一定的利润作为结算价格。后一种方法能调动提供产品或劳务单位的积极性，但是由于所加利润额的多少受主观因素的影响较大，对内部各单位的业绩考评准确性有一定的影响，也不便于结算最终产品的实际成本。总之，无论采用哪种方法制定内部结算价格，都应保持相对稳定，但也要根据企业生产经营情况的变动而定期予以调整。

科学制定内部结算价格，有利于贯彻推行成本责任制，正确考核企业内部各单位的业绩，也便于成本计划和成本控制工作的开展。

做好成本会计工作，除了要建立和健全以上各项基础工作以外，还必须提高全员的成本意识和素质，不但成本会计人员要提高成本意识和素质，而且其他人员也要提高成本意识和素质，特别是技术人员更要增强成本意识和素质，把经济性和技术性很好的结合起来，这是完成成本会计任务的重要保证。

(五)选择适当的成本计算方法

产品成本是在生产过程中形成的，产品的生产工艺过程和生产组织不同，所采用的产品成本计算方法也有所不同。计算产品成本是为了加强成本管理，因此应该根据管理需求的不同，采用不同的产品成本计算方法。企业只有按照产品生产特点和管理要求，选用适当的产品成本计算方法，才能准确及时地计算产品成本，为成本管理提供有用的成本信息。

企业应根据生产工艺特点、生产组织特点和管理要求，选择适当的成本计算方法。

产品成本计算的基本方法包括品种法、分步法、分批法；产品成本计算的辅助方法包括分类法、定额法等，它们不能单独使用，必须与三种成本计算的基本方法中的任何一种结合使用。企业可以采用一种成本计算方法，也可以多种方法结合使用。方法一经确定，不应随意变动，以保证成本计算信息的可比性。

第二节　费用的分类和产品成本项目

一、费用按经济内容分类

企业发生的各种费用按经济内容可分为三大要素，即劳动对象方面的费用、活劳动方面的费用、劳动手段方面的费用。为进一步反映各种费用的构成和水平，在费用三大要素的基础上细分为 8 项费用要素。

（1）外购材料，指企业耗用的从外部购进的原料及主要材料、半成品、辅助材料、修理用备件、包装物、低值易耗品等。

（2）外购燃料，指企业耗用的从外部购进的各种燃料，包括固体、气体、液体燃料等。

（3）外购动力，指企业耗用的从外部购进的各种动力，包括电力、热力。

（4）职工薪酬，指企业为获得职工的服务而支付的各种形式的报酬，包括职工工资、奖金、职工福利费、社会保险费、住房公积金、工会经费、职工教育经费、非货币性福利、因解除劳动关系而给予职工的补偿等。

（5）折旧费，指企业按照规定计提的固定资产的折旧费用。

（6）利息，指企业的借款利息减去利息收入后的净额。

（7）税金，指企业应缴纳的各种税金。

（8）其他，指企业发生的不属于以上各要素而应计入产品成本或期间费用的支出，如差旅费、办公费、租赁费、邮电费、广告费、外部加工费等。

这种分类的作用在于可以反映企业在一定会计期间发生的费用种类和金额，分析各个时期要素费用的构成和水平；能反映外购材料、外购燃料及职工薪酬的实际支出，为企业编制材料采购资金计划和劳动工资计划提供资料；可以为企业核定储备资金定额和考核储备资金周转速度提供资料；可以划分物资耗费和非物资耗费，为计算工业净产值和国民收入提供资料。

二、费用按经济用途分类

生产费用的经济用途，是指生产费用在生产产品和提供劳务过程中的实际用途。生产费用按经济用途可分为计入产品成本的生产费用和不计入产品成本的期间费用。

计入产品成本的生产费用按其用途不同，可进一步划分为若干个项目，这些项目作为产品成本的构成内容，会计上称为成本项目。成本项目的内容具体可分为直接材料、燃料及动力、直接人工、制造费用、废品损失、停工损失等。企业一般是设置三个基本成本项目：（1）直接材料；（2）直接人工；（3）制造费用。

期间费用是指企业在生产经营过程中发生的，不宜计入产品成本，直接计入当期损益的费用。期间费用按其经济用途，可分为销售费用、管理费用、财务费用。

这种分类的作用在于可以促使企业按照经济用途考核各项费用定额和计划的执行情况，分析费用支出是否合理、节约；将生产费用按成本项目反映，可以分析产品成本构成及比重，有利于加强产品成本的管理，同时也是企业按照费用发生的对象进行成本计量的基础。

三、生产费用的其他分类

（一）按与生产工艺的关系分类

生产费用按照与生产工艺的关系分类，可分为直接生产费用和间接生产费用两类。

直接生产费用是指由生产工艺本身引起的、直接用于产品生产的各项费用，如原材料、主要材料费用、生产工人工资和机器设备折旧费等；间接生产费用是指与生产工艺没有联系、间接用于产品生产的各项费用，如机物料消耗、辅助工人工资和车间厂房折旧费等。

将费用划分为直接生产费用和间接生产费用，有利于分析企业成本管理水平。

（二）按计入产品成本的方法分类

生产费用按照计入产品成本的方法分类，可分为直接计入费用和间接计入费用两类。

生产产品发生的费用，有的可以直接用于产品生产，直接计入产品成本，称为直接计入费用，简称直接费用；有的只能间接为产品生产服务，在费用发生时，不能直接计入某种产品成本，而必须按照一定的标准分配计入各种产品成本，称为间接计入费用，简称间接费用。

将费用划分为直接费用和间接费用，有利于企业正确组织产品成本核算。

四、产品成本项目

成本项目是指生产费用按照经济用途划分成若干项目。通过成本项目可以反映成本的经济构成以及产品生产过程中不同资金耗费情况。企业为了满足成本管理的需要，设置直接材料、直接人工和制造费用三个基本成本项目，在此基础上可以进行必要的调整，如单设其他直接支出、废品损失、停工损失等成本项目。

(1)直接材料，指直接用于产品生产，构成产品实体的原料、主要材料、燃料及有助于产品形成的辅助材料等。

(2)直接人工，指直接参加产品生产的职工的薪酬。

(3)制造费用，指直接或间接用于产品生产，不能直接计入产品成本，没有专设成本项目的费用。包括车间管理人员的薪酬、车间用固定资产的折旧、修理费、保险费、机物料消耗、差旅费、办公费、劳动保护费、低值易耗品摊销、实验检验费、季节性停工损失等。

对耗用燃料动力较多的企业可以增设成本项目，将直接材料项目分成“原材料”和“燃料及动力”；对管理上需要单独核算废品损失的企业，可以增设“废品损失”项目；对停工较多的企业可以增设“停工损失”项目。

企业成本项目一经确定，不得随意变更；如需变更，应当根据管理权限，经股东大会或董事会，或经理（厂长）会议或类似机构批准，并在会计报表附注中予以说明。

第三节　成本核算的一般程序和账户设置

一、成本核算的一般程序

（一）根据成本开支范围规定，审核各项支出

审核成本支出是指对发生的各项成本开支，应根据由国家、上级主管部门和本企业的有关制度及规定，进行严格审查与核实，审核生产费用是否客观真实、合法合理、正确无误，是

否符合产品成本的开支范围，是否符合产品成本的开支标准，以保证产品成本计算的真实性、正确性。对不符合国家规定的费用，以及各种浪费和损失应加以制止。

成本开支范围由国家统一制定，企业既不能乱挤成本、也不能少计成本。乱挤成本会减少利润，进而减少国家财政收入；少计成本则会虚增利润，造成超额分配，使企业耗费得不到补偿，进而影响企业生产顺利进行。

（二）各项要素费用的分配

各项要素费用的归集和分配原则是受益原则，即谁受益谁承担。对要素费用进行分配，要编制要素费用分配表，按其用途分配计入有关的生产成本明细账，确保计入产品成本的费用准确地计入各种受益产品的成本计算单。产品成本的计算过程也就是生产费用的归集和分配过程。

（三）辅助生产成本的归集和分配

月末，根据企业的供水、供电、供气、维修、运输等辅助生产车间所归集的各项费用，按用途、受益对象编制辅助生产费用分配表，并据以登记“生产成本——基本生产成本”、“制造费用”账户及其明细账户。

（四）基本生产车间制造费用的分配

月末，根据基本生产车间本月归集的制造费用，按受益对象编制制造费用分配表，对制造费用进行分配，并据以登记“生产成本——基本生产成本”账户及其明细账户，使所有为制造产品发生的生产费用全部归集到各成本计算对象之中。

（五）完工产品和月末在产品之间的费用分配

(1)如果月末没有完工产品，本月生产费用累计＝月末在产品成本。

(2)如果月末产品全部完工，本月生产费用累计＝月末产成品成本。

(3) 如果月末既有完工产品，又有在产品。本月生产费用累计需要采用一定的方法在完工产品和月末在产品成本之间进行分配。

（六）结转完工产品成本

对于本月完工的产品，在其验收入库后，应将成本从“生产成本——基本生产成本”账户转到“库存商品”账户及其明细账户中。

二、产品成本核算的账户设置

（一）计算产品成本的账户

在产品成本计算过程中，要将发生的生产费用按一定的产品成本计算对象进行归集与分配，最终确定完工产品成本，就必须设置相应的总账账户和必要的明细账户。

总账账户一般设置“生产成本”账户，用以核算企业进行产品生产而发生的各项生产费用，据以确定产品实际生产成本。为了核算基本生产成本和辅助生产成本，还应在该一级账户下，分别设置“基本生产成本”和“辅助生产成本”两个二级账户。为了简化会计核算手续，企业也可以将两个二级账户提升为一级账户，不再设“生产成本”总账账户。

现按分设“基本生产成本”和“辅助生产成本”两个一级账户进行阐述。

1.“基本生产成本”账户

基本生产是指为完成企业主要生产目的而进行的商品产品生产。为了归集企业在产品生产过程中发生的各项生产费用，据以确定产品的生产成本，应设置“基本生产成本”账户。

借方登记月份内为进行产品生产而发生的全部生产费用;贷方登记结转的完工产品的实际成本;余额在借方，表示生产过程中尚未完工的在产品实际成本。

“基本生产成本”账户按产品品种或产品批别、生产步骤等成本计算对象设置产品成本明细分类账(或称产品成本计算单)，账内按产品成本项目分设专栏或专行，登记各该产品的各成本项目的月初在产品成本、本月发生的成本和月末在产品成本。

2.“辅助生产成本”账户

辅助生产是指为基本生产服务而进行的产品生产和劳务供应。为了归集企业在进行辅助生产过程中发生的各种生产费用，计算辅助生产所提供的产品和劳务的成本，应设置“辅助生产成本”账户。借方登记为进行辅助生产而发生的各种生产费用;贷方登记完工入库产品的成本或分配转出的劳务成本;余额在借方，表示辅助生产在产品的成本。

“辅助生产成本”账户按辅助生产车间和生产的产品、劳务设置明细分类账，账内按辅助生产的成本项目或费用项目分设专栏或专行进行明细登记。

3.“制造费用”账户

为了核算车间在生产产品和提供劳务过程中而发生的各项间接费用，应设置“制造费用”账户。借方登记实际发生的制造费用;贷方登记分配转出的制造费用;除了季节性生产企业外，该账户月末无余额。

“制造费用”账户按车间、部门设置明细分类账，账内按费用项目分设专栏进行明细登记。

4.“废品损失”账户

需要单独核算废品损失的企业，应设置“废品损失”账户。借方登记不可修复废品的生产成本和可修复废品的修复费用;贷方登记废品残料回收的价值、应收的赔款以及转出的废品净损失;该账户月末应无余额。

“废品损失”账户按车间设置明细分类账，账内按产品品种分设专户，并按成本项目进行明细登记。

(二)归集期间费用的账户

1.“销售费用”账户

为了核算企业在销售商品、自制半成品和提供劳务过程中而发生的各种费用，以及专设销售机构的各项经费，应设置“销售费用”账户。借方登记实际发生的各项销售费用;贷方登记期末转入“本年利润”账户的销售费用;期末结转后该账户无余额。

“销售费用”账户按费用项目设置专栏，进行明细核算。

2.“管理费用”账户

为了核算企业行政管理部门为管理和服务生产经营活动过程中而发生的各种费用，应设置“管理费用”账户。借方登记实际发生的各项管理费用;贷方登记期末转入“本年利润”账户的管理费用;期末结转后该账户无余额。

“管理费用”账户按费用项目设置专栏，进行明细核算。

3.“财务费用”账户

为了核算企业在生产经营活动过程中，为筹集资金而发生的各种费用，应设置“财务费用”账户。借方登记实际发生的各项财务费用;贷方登记期末转入“本年利润”账户的财务费用;期末结转后该账户无余额。

“财务费用”账户按费用项目设置专栏，进行明细核算。

【本章小结】

- 成本核算要求与程序
  - 成本核算的基本要求
    - 算管结合,算为管用
    - 正确划分各种费用界限
    - 正确确定财产物资的计价和价值结转方法
    - 做好成本核算的各项基础工作
    - 选择适当的成本计算方法
  - 成本核算的一般程序
    - 根据成本开支范围规定,审核各项支出
    - 各项要素费用的分配
    - 辅助生产成本的归集和分配
    - 基本生产车间制造费用的分配
    - 完工产品和月末在产品之间的费用分配
    - 结转完工产品成本

【复习思考题】

1. 试述工业企业产品成本核算的基本要求。
2. 试述工业企业成本核算的一般程序。
3. 试述应该划清的五大费用界限。
4. 生产费用按不同标准可分为哪几类?其中最基本的分类是什么?

第三章　生产经营费用的核算

【学习目标】

★知识目标：

· 掌握原材料费用归集、分配和账务处理方法。

· 掌握燃料费用归集、分配和账务处理方法。

· 掌握外购动力费用归集、分配和账务处理方法。

· 掌握工资费用计算、结算和工资费用分配的方法和账务处理方法。

· 掌握折旧及其他费用分配的方法和账务处理方法。

· 掌握辅助生产费用归集、分配和账务处理方法。

· 掌握制造费用归集、分配和账务处理方法。

· 掌握生产损失归集、分配和账务处理方法。

· 了解在产品的范围和在产品的收发结存日常核算。

· 掌握在产品的清查及其盘亏的核算。

· 了解不计算在产品成本法、在产品按固定成本计价法和在产品按完工产品计算法的应用。

· 掌握在产品按所耗原材料费用计价法、约当产量比例法、在产品按定额成本计价法和定额比例法的应用。

★能力目标：

· 能运用生产经营费用核算的原理和方法，结合工业企业成本核算的实际，对其成本费用进行计算、归集和分配，并做出相应的账务处理。

· 熟练地掌握完工产品与在产品成本分配的各种方法，准确地把握各种分配方法的原理、特点和适用范围，通过学习，能运用约当产量法、定额比例法和定额成本法等方法对企业的完工产品和在产品成本进行分配。

案例导入

李新2013年6月从某大学会计电算化专业毕业，应聘到新兴设备制造公司从事会计工作。该公司2013年9月份开始生产甲、乙、丙三种产品，耗用A材料，有关资料见下表：

甲、乙、丙三种新产品的有关资料

产品名称	产量(件)	重量(千克)	材料定额单位消耗量(千克)	材料单位(元/千克)	材料单位定额成本(元)
甲	100	30 000	200	9	1 800
乙	300	50 000	150	9	1 350
丙	500	190 000	370	9	3 330
合计	900	270 000	–	–	–

该公司以前采用按产品的产量比例对材料费用进行分配。本月份共使用A材料300 000千克，每千克9元。

财务部宋经理在向李新介绍了企业生产产品使用的材料以及产品的情况后，提出如下几个问题，请李新在调查后回答以下几个问题。

(1)本企业目前采用的材料的分配方法是否合适？

(2)本月份开始生产的新产品应采用什么方法分配材料费用？

(3)对本企业材料费用的分配方法提出进一步改进的意见。

产品成本是以产品为对象归集的生产耗费，包括的内容很广，既有材料耗费、人工耗费、动力耗费，又有对辅助生产部门提供的产品或劳务耗费，还包括生产部门为组织和管理产品生产而发生的耗费以及产品生产过程中发生的生产损失等。作为产品成本的构成要素，这些费用的核算基本上涵盖了成本核算的主要内容，因此，本章是很重要的一章。

第一节　要素费用的核算

一、要素费用分配概述

要素费用包括外购材料、外购燃料、外购动力、工资、职工福利费、折旧费、利息费用、税金以及不属于以上各要素的费用和其他支出。要素费用进行核算，主要是解决如何将已经发生的各项要素费用合理地分配计入到产品成本或期间费用中。

企业发生的各种要素费用应该按其发生的部门(地点)和用途进行合理分配。

(一)要素费用的分配去向

1.基本生产部门发生的费用

基本生产部门(如厂、车间)发生的费用，按用途可分为直接用于产品生产的费用和用于基本生产部门组织和管理生产的费用两部分。

(1)直接用于产品生产的费用。基本生产成本明细账(产品成本明细账)是按照产品品种等成本计算对象设立的，账内按成本项目分设专栏登记，因此在发生材料、动力、工资等各种要素费用时，对直接用于产品生产（无特殊说明，均指基本生产的产品生产，不是指辅助生产的产品生产，下同）、专门设有成本项目的费用，例如构成产品实体的原材料或从事产品生产工人的工资费用，应计入“基本生产成本”总账和该种产品的基本生产成本明细账的“直接材料”或“直接人工”成本项目。

（2）用于基本生产部门组织和管理生产的费用。对于基本生产部门组织和管理生产发生的各种费用（包括间接用于产品生产的费用），例如管理人员的工资和福利费、固定资产的折旧费、低值易耗品的摊销费、机物料消耗等费用，则计入“制造费用”总账和所属明细账进行归集。月末分配计入“基本生产成本”总账和该种产品的基本生产成本明细账的“制造费用”成本项目。

2. 辅助生产部门发生的费用

辅助生产部门发生的各种费用，也可按用途分为直接用于辅助产品生产（或劳务）的费用和用于辅助生产部门组织和管理生产的费用两部分。辅助生产费用有以下两种处理方法：

（1）直接用于辅助产品生产（或劳务）的费用，应计入“辅助生产成本”总账和相应产品或劳务明细账的“直接材料”或“直接人工”成本项目。用于辅助生产部门组织和管理生产的费用则先计入“制造费用”总账和所属明细账进行归集。月末分配计入“辅助生产成本”总账和所属明细账的“制造费用”成本项目。这种处理方法与基本生产类似。

（2）如果辅助生产不对外提供商品产品，且辅助生产车间规模较小，或辅助产品或劳务单一时，为简化核算工作，辅助生产部门发生的费用可直接全部计入“辅助生产成本”总账和相应的明细账。

3. 销售机构、行政管理部门以及筹集资金发生的费用

在生产经营过程中发生的用于产品销售的费用、行政管理部门发生的费用，以及筹集资金发生的费用，不计入产品成本，而应分别计入“销售费用”、“管理费用”和“财务费用”总账和所属明细账,作为期间费用转入“本年利润”账户，冲减当期损益。

（二）间接计入费用的分配

当企业只生产单一产品时，直接用于产品生产的费用可直接计入产品成本，但当企业生产多种产品时，几种产品耗用的材料（直接材料费用）、生产工人的计时工资（直接人工费用），则需要经过计算分配才能计入相应的产品成本。

1. 间接计入费用分配原则

费用分配应贯彻“受益原则”。所谓受益原则，即谁受益谁负担费用，负担费用的多少与受益程度的大小成正比。各项费用均应在其受益者之间进行分配，不受益者不负担费用。凡属直接计入费用，都应直接分配给受益者负担，不得扩大分配范围计算分摊；凡属间接计入费用，要采用合理的方法计算分配，受益大的多负担，受益小的少负担。

2. 直接用于产品生产的间接计入费用的分配

各项间接计入费用需按照一定标准在各分配对象之间进行分配，分配过程如下：

首先，选择适当的分配标准。分配标准的适当，就是指分配所依据的标准与所分配费用的多少有较密切的联系，而且分配标准的资料应容易取得。常见的分配标准主要有三类：①成果类标准，如产品的重量、体积、面积、产量、产值等；②消耗类标准，如生产工时、生产工资、机器工时、原材料的消耗量、原材料费用等；③定额类标准，如定额消耗量、定额费用、定额

工时等。

其次，计算分配率。费用分配率的计算公式如下：

$$\text{费用分配率}=\frac{\text{待分配费用的总额}}{\text{分配标准之和}}$$

最后，计算分配额。费用分配额的计算公式如下：

$$\text{某分配对象应分配的费用}=\text{该对象的分配标准}\times\text{费用分配率}$$

二、材料费用的核算

产品成本中的材料费用包括企业生产经营过程中所耗费的原材料、燃料和动力、低值易耗品、包装物等而发生的费用。

材料在生产过程中的用途及其所起的作用各不相同，有的材料经过加工后构成产品的主要实体；有的材料虽不构成产品的主要实体，但却有助于产品的形成；有的材料在生产过程中被劳动工具所消耗。企业的材料，不论是外购、自制、委托加工还是投资者投入，其材料费用核算方法基本相同。材料费用的核算，首先要正确计算发出材料的成本，然后分配材料费用，将其计入各种产品成本。

（一）材料费用的组成

在生产耗费中，材料的耗费通常占有较大比重。因此，加强对材料费用的控制与核算对于正确计算产品成本，节约材料消耗，从而降低产品的成本具有重要作用。

原材料是指企业通过采购或其他方式取得的用于制造产品并构成产品实体的物品，以及取得的供生产耗用但不构成产品主要实体的辅助材料、修理用备件、燃料和外购半成品等。

1. 原料及主要材料

原料及主要材料是指经过加工以后能够构成产品主要实体的各种原料和材料，如冶炼用的矿砂、纺织用的原棉、木器制造用的原木和机器制造用的钢材等。其中来自采掘工业和农业的，一般称为原料，如上述矿砂、原棉、原木等；来自加工企业的，一般称为材料，如上述钢材等。

2. 辅助材料

辅助材料是指直接用于产品生产，或有助于产品的形成，或便于生产顺利进行，但不构成产品主要实体的各种材料，如染料、油漆、润滑油、防锈剂等。

3. 外购半成品

外购半成品是指从外部购进需要本企业进一步加工或装配的已经完成一定生产步骤的半成品，如织布用的外购棉纱，汽车制造用的外购轮胎，轧钢用的外购钢锭等。外购半成品对于购入企业来说，同原材料一样都是劳动对象，在继续加工中构成产品的主要实体，因而也可归入原材料及主要材料，不单列一类。

4. 燃料

燃料是指在产品生产过程中用来燃烧发热或为创造正常劳动条件所用的各种燃料，包括固体、液体和气体燃料，如煤、汽油和天然气等。

5. 修理用备件

修理用备件是指为修理本企业生产用机器设备、运输工具以及非生产用固定资产所专用的各种零件、配件和备品等，如轴承、齿轮和阀门等。

6. 低值易耗品

低值易耗品是指单位价值较低，容易损耗的各种工具、管理用具、玻璃器皿以及劳保用品等。

7. 包装物

包装物是指为包装本企业产品，并准备随同产品一起出售以及在销售过程中出租或出借给购货单位使用的各种包装物品，如箱、桶、瓶、坛等。对于各种包装用的材料，如纸张、绳、铁丝等，不属于此类，应属于辅助材料一类。

8. 其他材料

其他材料是指企业在生产过程中消耗的不属于上述各类的其他材料。

（二）原材料费用的分配核算

1. 原材料核算的原始凭证

（1）领料单

领料单是一种一次凭证，适用于不常领用或未制定消耗定额的材料领用。领料单一般一式三联，其中一联留存领料单位；一联留存发料仓库，据以登记原材料明细账；另一联送交会计部门据以进行原材料发出和材料费用核算。

（2）限额领料单

限额领料单是一种在一定时期和一定限额内多次领用材料可以使用的累计凭证，适用于经常领用并已制定消耗定额的材料领用。采用限额领料单在一定时期内可以随时计算领料的累计数，便于同定额比较，有效地控制材料领用。在核定产量范围内，超过限额领料，需经有关部门批准后另行填制领料单据以领料。

（3）领料登记表

如果领用材料的次数多，数量零星，而且价值不高，为简化手续，领料时可不填制领料单，而由领料人在领料登记表上登记领用数量并签名，据以办理发料，月末由发料仓库人员根据领料登记表按领料单位和用途填制领料单。

（4）退料单

月末生产车间有多余材料，如下月不再使用，应填制本月退料单，并办理退料手续；下月需继续使用，应同时填制本月退料单和下月领料单，但不需要办理退料手续。退料单一般一式三联：一联留存领料单位；一联留存发料仓库，据以登记原材料明细账；一联送交会计部门据以进行原材料发出和材料费用核算。

2. 原材料费用分配对象的确定

企业在生产经营活动中所耗用的原材料有着不同的用途，有的用于产品生产，有的用于组织和管理生产。通常情况下，原材料费用的分配是按照耗用材料的部门、用途及受益对象来分配的。具体情况如下：

（1）基本生产车间耗用的材料

基本生产车间耗用的材料按用途，可分为直接用于产品生产的材料和一般耗用的材料。

若基本生产车间直接用于产品生产的材料费用，包括构成产品实体的原料及主要材料、有助于产品形成的辅助材料（例如电镀材料、油漆）等，属于直接材料费用，应计入“基本生产成本”总账账户及相应产品的基本生产成本明细账的“直接材料”成本项目。

若基本生产车间一般耗费的材料，包括物料消耗、车间管理用材料等，间接用于产品生产，则应计入基本生产车间的“制造费用”总账账户和所属明细账进行归集。月末分配计入“基本生产成本”总账和相应产品的基本生产成本明细账的“制造费用”成本项目。

(2)辅助生产车间耗用的材料

对于辅助生产车间耗用的材料，也可按用途分为直接用于辅助产品生产(或劳务)的材料和一般耗用材料两部分，处理方法如下：

直接用于辅助产品生产(或劳务提供)的材料，应计入“辅助生产成本”总账账户和相应产品或劳务的明细账的“直接材料”成本项目。用于辅助生产车间一般耗用的材料先计入“制造费用”总账和所属明细账进行归集。月末分配计入“辅助生产成本”总账和所属明细账的“制造费用”成本项目。这种处理方法与基本生产类似。

如果辅助生产不对外提供商品产品、而且辅助生产车间规模较小、辅助产品或劳务单一时，为了简化核算工作，可不设“制造费用”账户，辅助生产车间耗用的材料直接全部计入“辅助生产成本”总账和相应的明细账。

(3)销售机构、行政管理部门耗用的材料

企业销售机构所耗费的材料，应计入“销售费用”账户。企业行政管理部门为组织和管理生产发生的材料费用，应计入“管理费用”账户；总之，原材料费用的分配是按照谁受益谁负担的原则来分配的。

3.原材料费用的分配方法

本期发生的材料费用，应根据审核后的领退料凭证，按材料的具体用途进行分配。企业在归集直接材料费用时，凡能直接分清某一成本计算对象的费用，应单独列示，以便直接计入该对象的产品成本计算单中；凡属于几个成本计算对象共同耗用的直接材料费用，属于间接计入费用，需要选择适当的方法，采用一定的分配标准分配后，才能计入有关产品的成本计算单中。由于在生产过程中，原料和主要材料的耗用量，一般与产品的重量、体积有关，因而原料和主要材料费用一般可以按产品的重量、体积比例分配，如果企业原料及主要材料消耗定额是比较准确的，也可以按照材料的定额消耗量或定额费用比例进行分配。

(1) 直接耗用材料费用的分配

企业在生产过程中领用的原材料，凡能根据领料凭证，直接确定其被某一种产品耗用的，就属于直接计入费用，可于月末直接根据领料凭证汇总表编制“发料凭证汇总表”(见表3-1)，并据以登记有关生产成本账户及其所属明细账的“直接材料”成本项目。

[例3-1] 2013年4月新兴公司生产甲、乙两种产品，本月甲、乙产品分别耗用A、B两种材料，本月发料凭证汇总表如下：

表3-1 发料凭证汇总表

新兴公司 2013年4月 单位:元

领料部门及用途		A材料	B材料	合计
基本生产车间	生产甲产品	2 620	980	3 600
	生产乙产品	1 610	90	1 700
	一般耗用	50	18	68
辅助生产车间	机修车间生产用	170	50	220
行政管理部门		130	30	160
专设销售部门		88		88
合　计		4 668	1 168	5 836

根据发料凭证汇总表，可编制如下分录：

借:基本生产成本——甲产品　3 600
　　　　　　——乙产品　1 700
　辅助生产成本——机修　220
　制造费用　68
　管理费用　160
　销售费用　88
贷:原材料——A材料　4 668
　　　　——B材料　1 168

(2)直接材料费用中间接计入费用的分配

如果企业生产领用的材料是由几种产品共同耗用的，且在领用时无法确定每种产品各耗用多少，那么就属于间接计入费用，就应该按照一定的标准在各种产品之间计算分配后，才能计入各种产品的成本，通常采用的分配方法有:材料定额耗用量(费用)比例分配法，产品产量(重量)比例分配法等。

①产品重量比例分配法

产品重量比例分配法是按照各种产品的重量为标准来分配材料费用的一种方法。这种方法一般在产品所耗用材料的多少与产品重量有直接联系的情况下采用。与产品重量比例分配法类似的还有产品产量分配法、产品体积分配法等。产品重量比例分配法的计算公式为:

$$\text{材料费用分配率}=\frac{\text{各种产品共同耗用的材料费用总额}}{\text{各种产品重量之和}}$$

某种产品应分配的材料费用 = 该种产品重量×材料费用分配率

[例3-2] 新兴公司生产甲、乙两种产品，共消耗材料30 400千克，每千克4.5元，计136 800元。两种产品的重量分别为12 000千克、26 000千克。采用重量比例分配法，计算甲、乙两种产品应负担的材料费用。

按重量比例分配法分配如下:

材料费用分配率 =136 800/(12 000+26 000)=3.6(元/千克)

甲产品应分配的材料费用 =12 000×3.6=43 200(元)

乙产品应分配的材料费用 =26 000×3.6=93 600(元)

②定额消耗量比例分配法

定额消耗量比例分配法是指企业以各种产品共同耗用的材料的定额耗用量作为分配标准，按其比例将材料费用在几种产品之间进行分配的一种方法。该方法适用于企业各种材料消耗定额比较健全而且相对准确的材料费用的分配。

其计算步骤是：

第一步：计算某种产品材料定额耗用量。

第二步：计算材料耗用量分配率。

第三步：计算某种产品应分摊的材料数量。

第四步：求出某种产品应分摊的材料费用。

具体计算公式如下：

$$\text{材料定额消耗量}=\text{产品产量}\times\text{材料单位消耗量定额}$$

$$\text{材料耗用量分配率}=\frac{\text{共同耗用的材料实际消耗总量}}{\text{各种产品材料定额消耗量之和}}$$

$$\text{某种产品应分配的材料费用}=\text{该种产品定额消耗量}\times\text{材料耗用量分配率}\times\text{材料单价}$$

上述计算方法不仅可以计算出各种产品应分配的材料费用，而且可以提供材料消耗量资料，对于考核材料定额消耗量的执行情况有一定帮助。有的企业为简化计算，不计算产品的实际消耗量，直接按定额消耗量比例分配材料费用。计算公式如下：

$$\text{材料费用分配率}=\frac{\text{共同耗用的材料费用}}{\text{各种产品材料定额消耗量之和}}$$

$$\text{某种产品应分配的材料费用}=\text{该产品定额消耗量}\times\text{材料费用分配率}$$

[例3-3] 新兴公司生产甲、乙两种产品，共消耗A材料60 000千克，每千克1.44元，共计86 400元。生产甲产品12 000件，单位产品消耗定额为3千克；生产乙产品8 000件，单位产品消耗定额为1.5千克；采用材料定额消耗量比例分配法，计算甲、乙两种产品应负担的材料费用。

甲产品材料定额耗用量=12 000×3=36 000(千克)

乙产品材料定额耗用量=8 000×1.5=12 000(千克)

材料定额消耗总量=36 000+12 000=48 000(千克)

材料费用分配率 = 86 400/(36 000+12 000)=1.8(元/千克)

甲产品应负担的材料费用=36 000×1.8=64 800(元)

乙产品应负担的材料费用=12 000×1.8=21 600(元)

编制材料费用分配表，见表3-2。

表 3-2

A 材料费用分配表

2013 年 6 月

产品名称	材料定额消耗总量(千克)	分配率	分配金额(元)
甲产品	36 000		64 800
乙产品	12 000		21 600
合 计	48 000	1.8	86 400

根据表 3-2 编制会计分录如下:

借:基本生产成本——甲产品　　64 800

　　　　　　　——乙产品　　21 600

　贷:原材料——A 材料　　86 400

③定额费用比例分配法

定额费用比例分配法，是以原材料定额费用为分配标准，分配原材料费用的一种方法。该方法适用于多种产品共同耗用多种材料的情况。其计算公式如下:

某种产品原材料的定额费用 = 该种产品实际产量 × 单位产品原材料费用定额

$$材料费用分配率=\frac{各种材料实际费用总额}{各种产品材料定额费用之和}$$

某种产品应分配的原材料费用 = 该种产品原材料的定额费用 × 材料费用分配率

[例 3-4] 新兴公司生产甲、乙两种产品，共同耗用 A、B 两种材料，共计 376 200 元。生产甲产品 1 500 件，单位产品 A 材料费用定额为 60 元，B 材料费用定额为 64 元;生产乙产品 1 200 件，单位产品 A 材料费用定额为 90 元，B 材料费用定额为 40 元;采用材料定额费用比例分配法，计算甲、乙两种产品应负担的材料费用。

甲产品材料定额费用:

A 材料的定额费用 = 1 500 × 60 = 90 000(元)

B 材料的定额费用 = 1 500 × 64 = 96 000(元)

甲产品定额材料费用 = 90 000 + 96 000 = 186 000(元)

乙产品材料定额费用:

A 材料的定额费用 = 1 200 × 90 = 108 000(元)

B 材料的定额费用 = 1 200 × 40 = 48 000(元)

乙产品定额材料费用 = 108 000 + 48 000 = 156 000(元)

材料费用分配率 = 376 200/(186 000 + 156 000) = 1.10

甲产品应分配的材料费用 = 186 000 × 1.1 = 204 600(元)

乙产品应分配的材料费用 = 156 000 × 1.1 = 171 600(元)

课堂练习 3-1:

1. 目的:材料定额耗用量比例分配法、定额费用比例分配法分配材料费用

2. 资料:

基本生产车间领用某种原料 1 053 公斤，单价 2 元，原料费用合计为 2 106 元，共生产甲产品 400 件，乙产品 300 件，甲产品消耗定额为 1.2 公斤，乙产品消耗定额为 1.1 公斤。

3. 要求：

(1) 试分别用材料定额耗用量比例分配法、定额费用比例分配法计算甲、乙产品应负担的材料费用。

(2) 比较两种方法的计算结果，说明两种计算方法的优缺点。

［例 3－5］新兴公司 2013 年 10 月份发料情况如表 3－3 所示：

表 3－3

发出材料明细表

2013 年 10 月

金额单位:元

材料类别	发料数量	单位成本	用途
原材料	200 千克	600	甲产品生产用
原材料	126 千克	1000	甲、乙两种产品共用
燃料	120 千克	60	锅炉车间 100 千克，机修车间 20 千克
燃料	20 千克	60	基本生产车间用
燃料	10 千克	60	管理部门用
辅助材料	200 千克	40	基本生产车间用
修理用备件	50 只	6	基本车间修理用

该公司投产甲产品 140 件、乙产品 140 件，单耗原材料定额分别为 2.5 千克、3.5 千克，则编制原材料费用分配表如表 3－4 所示：

表 3－4

原材料费用分配表

2013 年 10 月

金额单位:元

应借账户		成本或费用明细项目	间接计入			直接计入	合计
			耗用材料（千克）	分配率	分配额		
基本生产成本	甲产品	直接材料	350		52 500	120 000	172 500
	乙产品	直接材料	490		73 500		73 500
	小计		840	150	126 000	120 000	246 000
辅助生产成本	锅炉车间	材料				10 976	10 976
	机修车间	材料				1 314	1 314
	小计					12 290	12 290
制造费用	基本生产车间	修理费				300	300
		机物料消耗				9 200	9 200
		小计				9 500	9 500
管理费用		机物料消耗				600	600
合计					126000	142 390	268 390

根据上述"原材料费用分配表"编制会计分录如下：

借:基本生产成本——甲产品　　172 500

　　　　　　　　——乙产品　　73 500

辅助生产成本——锅炉　　10 976
　　　　　　——机修　　1 314
制造费用——基本生产车间　　9 500
管理费用　　600
贷:原材料　　268 390

上列原材料费用是按实际成本进行核算分配的，如果原材料费用是按计划成本进行核算分配，计入产品成本和期间费用等的原材料费用是计划成本，还应该分配材料成本差异额。

（三）燃料费用的分配核算

燃料实际上也是材料，在企业燃料费用占产品成本比重较大的情况下，为了加强其管理，应将其与动力费用一起在基本生产成本明细账中专门设立“直接燃料及动力”成本项目，并增设“燃料”一级账户，以便单独核算燃料的增减变动和结存，以及燃料费用的分配情况。如果燃料费用占产品成本比重较小，基本生产成本明细账中就无需单独设“直接燃料及动力”成本项目，应将燃料费用直接计入“直接材料”成本项目，核算中“燃料”可作为“原材料”账户的二级账户进行核算。

燃料费用的分配与原材料费用的分配程序和方法基本相同。直接用于产品生产的燃料费用，应计入“基本生产成本”总账和所属明细账的“直接燃料及动力”成本项目，如果燃料分产品领用，应直接计入；如果不能分产品领用，应采用适当的分配方法，分配计入。分配标准一般有产品的重量、体积、所耗原材料的数量或费用，以及燃料的定额消耗量或定额费用等。

用于基本生产车间产品生产组织和管理的各项燃料费用，一般先计入基本生产车间的制造费用，以后按照一定标准分配计入产品成本中去；用于辅助生产的燃料费用，计入辅助生产成本；用于产品销售的燃料费用，计入销售费用；用于企业生产经营活动的组织和管理所消耗的燃料费用，计入管理费用。

[例3-6] 新兴公司2013年6月份直接用于甲、乙两种产品生产的燃料费用共26 000元，按甲、乙两种产品所耗原材料费用比例分配。甲产品材料费用12 000元，乙产品材料费用14 000元，则甲、乙两种产品应分配的燃料费用如下：

燃料费用分配率 = 26 000 ÷（12 000 + 14 000）= 1

甲产品应分配的燃料费用 = 12 000 × 1 = 12 000（元）

乙产品应分配的燃料费用 = 14 000 × 1 = 14 000（元）

根据有关燃料的领退料凭证和上述燃料费用分配的结果，编制燃料费用分配表，见表3-5。

表3-5　燃料费用分配表

新兴公司　　2013年6月　　单位:元

领用部门及用途		成本费用项目	直接计入	分配计入			合计
				原材料费用	分配率	分配金额	
基本生产车间	甲产品	燃料及动力		12 000		12 000	12 000
	乙产品	燃料及动力		14 000		14 000	14 000
	小计			26 000	1	26 000	26 000

续表

辅助生产车间	供电车间	燃料及动力	8 000				8 000
	供水车间	燃料及动力	2 000				2 000
	小 计		10 000				10 000
行政管理部门			1 000				1 000
合 计			11 000			26 000	37 000

根据燃料费用分配表编制会计分录，据以登记有关总账和明细账。会计分录如下：

借:基本生产成本——甲产品　　12 000
　　　　　　　　——乙产品　　14 000
　辅助生产成本——供电车间　　8 000
　　　　　　　　——供水车间　　2 000
　管理费用　　1 000
　贷:燃料　　37 000

(四)包装物费用的分配核算

包装物是指为包装本企业产品而储备，随同产品出售、出租或出借的各种包装容器，如箱、瓶、桶、坛、袋等。包装物按其用途可分为生产过程中用于包装产品作为产品组成部分的包装物、随同产品出售不单独计价的包装物、随同产品出售单独计价的包装物、出租或出借给购买单位使用的包装物。这种分类与包装物发出和摊销的核算有关。一般应该设置“周转材料”总账科目，进行包装物总分类核算。

(五)低值易耗品费用的分配核算

低值易耗品是劳动手段中单位价值和使用年限在规定限额以下的用具用品，包括工具、管理用具、玻璃器皿以及在经营过程中周转使用的器具等。低值易耗品的收入、发出、摊销和结存的核算，是通过设立“周转材料”总账科目及按其类别、品种、规格设置明细账进行的。低值易耗品的日常核算一般按照实际成本进行，在按计划成本进行时，还应在“材料成本差异”总账科目下设置“周转材料成本差异”二级科目。

低值易耗品可按在库阶段和在用阶段进行核算。在库阶段核算与原材料核算相同，低值易耗品出库、在用阶段的核算与出租、出借包装物核算有相似之处，这里主要讲述低值易耗品在用及摊销的核算。在用低值易耗品是指车间、部门从仓库领用，直到报废以前整个使用过程中的低值易耗品。低值易耗品在使用中的实物形态基本不变，其价值应该采用适当的摊销方法计入产品成本和期间费用等。用于生产的低值易耗品费用计入产品成本的方式有两种：一是直接为某种产品生产耗用的，直接计入“基本生产成本”的“直接材料”成本项目；二是按发生部门先计入“制造费用”，然后通过分配再计入产品成本；用于组织和管理生产经营活动的低值易耗品摊销，应计入管理费用；用于其他经营业务的低值易耗品摊销，应计入其他业务成本。

低值易耗品领用时，应按用途摊销其价值。低值易耗品摊销计入成本费用的方法主要有：一次摊销法和五五摊销法，企业应根据其具体特点选用适当的方法摊销低值易耗品的耗费，比较客观地反映产品成本。

一次摊销法是指，在领用低值易耗品时，将其价值按用途一次计入成本、费用。如果低值易耗品日常核算按计划成本计价，领用月份月末应分摊差异。报废时，其残料价值应冲减有关成本、费用。一次摊销法核算比较简便，但各月成本、费用负担不合理，不利于加强对低值易耗品实物的管理，适用于单位价值较低、使用期限较短或容易破损的低值易耗品。

五五摊销法是指，低值易耗品在领用时摊销其价值的一半，报废时摊销其价值的另一半。如果低值易耗品日常核算按计划成本计价，报废月份月末应分摊差异。报废时，其残料价值应冲减有关成本、费用。

低值易耗品费用的分配也可通过编制“低值易耗品费用分配表”进行(见表3－6)。

［例3－7］新兴公司2013年4月份生产甲产品领用专用工具一批，价值850元，采用一次摊销法；基本生产车间本月领用生产工具1 200元，本期应摊600元；上月领管理用具4 000元，本月报废，采用五五摊销法；供电车间领用劳保用品340元，机修车间领用劳保用品58元，均采用一次摊销法，据此编制的“低值易耗品费用分配表”如表3－6所示。

表3－6

低值易耗品费用分配表

新兴公司　　2013年4月　　单位:元

使用部门及用途		项目名称	摊销方法	领用额	报废额	残 值	摊销额
基本生产车间	生产甲产品	专用工具	一次摊销	850			850
	一般管理用	生产工具	五五摊销	1 200			600
		管理用具	五五摊销	4 000	2 000		2 000
		小 计		5 200	2 000		2 600
辅助生产车间	供电	劳保用品	一次摊销	340			340
	机修	劳保用品	一次摊销	58			58
		小 计					398
合 计							3 848

据此编制会计分录如下：

①借:基本生产成本——甲产品　850
　　辅助生产成本——供电　340
　　　　　　　　——机修　58
　　贷:周转材料——低值易耗品　1 248

②借:制造费用——基本生产车间　600
　　贷:周转材料——低值易耗品(摊销)　600

③借:制造费用——基本生产车间　2 000
　　贷:周转材料——低值易耗品(摊销)　2 000

三、外购动力费用的核算

外购动力费用是指企业为使用动力从外部购入的电力、蒸汽、热力等所支付的费用。本企业自产的动力不包括在内。

(一)外购动力费用分配的原始依据

企业外购动力费用应当按照权责发生制原则计量和确认。月末应根据计量仪表记录的本月实际耗用量及动力单价按用途计入成本、费用。但在实际工作中，由于外购动力付款期与成本、费用核算期并不一致，即外购动力付款日期往往是下月初，而成本、费用核算期一般在月末进行，因而月末核算成本、费用时，将其先分配到各有关成本、费用账户，这时动力费用尚未支付，应计入“应付账款”账户，到下月初实际支付时，再冲减“应付账款”账户。

（二）外购动力费用分配的核算

外购动力有的直接用于产品生产，比如生产工艺动力用电；有的间接用于产品生产，比如生产车间照明用电；有的则用于经营管理，如企业行政管理部门照明用电等。企业外购动力费用应按照发生的部门（或地点）以及用途进行分配。

1. 外购动力费用的分配去向

（1）基本生产车间耗用的动力

基本生产车间耗用的动力，按用途可分为直接用于产品生产的生产工艺动力用电和车间一般照明用电。直接用于产品生产工艺动力用电，属于直接燃料及动力，应计入“基本生产成本”总账和相应产品的基本生产成本明细账的“直接燃料及动力”成本项目；基本生产车间照明用电，则计入“制造费用”总账和所属明细账进行归集。月末分配计入“基本生产成本”总账和相应产品的基本生产成本明细账的“制造费用”成本项目。

（2）辅助生产车间耗用的动力

对于辅助生产部门耗用的动力，也可按用途分为直接用于辅助产品生产（或劳务）的生产工艺动力用电和照明用电两部分。对辅助生产有以下两种处理方法：

直接用于辅助产品生产工艺动力用电，应计入“辅助生产成本”总账和相应产品或劳务的明细账的“直接燃料及动力”成本项目。用于辅助生产车间的照明用电先计入“制造费用”总账和所属明细账。这种处理方法与基本生产类似。

如果辅助生产车间不对外提供商品产品、而且辅助生产车间规模较小、辅助产品或劳务单一时，为了简化核算工作，可不设辅助生产车间的“制造费用”科目，辅助生产车间耗用所有电力直接的全部计入“辅助生产成本”总账和相应的明细账。

（3）销售机构、行政管理部门耗用的动力

销售机构、行政管理部门耗用的电力，不计入产品成本，而应分别计入“销售费用”、“管理费用”总账和所属明细账，作为期间费用转入“本年利润”账户，冲减当期损益。

2. 直接燃料及动力费用中间接计入费用的分配

当企业生产多种产品时，外购动力费用的分配也需编制外购动力分配表进行。其中，有些直接用于产品生产，有些间接用于产品生产。企业各车间、部门通常都装有仪表，在有仪表记录的情况下，应根据仪表所示耗电量及动力单价计算应分配的外购动力费用，这一部分属于直接费用；但是，车间内的生产工艺动力用电，一般无法按产品分别安装电表，因而生产工艺动力用电的费用属于间接费用，需要在各种产品之间进行分配。分配动力费用的标准通常有：生产工时、机器工时、机器功率时数（机器功率×机器开工时数）和定额耗电量等。

现以生产工时比例分配法举例说明。

生产工时比例分配法是以各种产品的生产工时为标准来分配费用的方法。计算公式如下：

$$\text{动力费用分配率}=\frac{\text{各种产品共同耗用的动力费用总额}}{\text{各种产品生产工时之和}}$$

$$\text{某种产品应分配的动力费用}=\text{该种产品的实际生产工时}\times\text{动力费用分配率}$$

［例 3－8］新兴公司本月生产甲、乙两种产品，共耗用外购电力 14 400 元。甲产品实际生产工时为 30 000 小时，乙产品实际生产工时为 18 000 小时。采用生产工时比例分配法，计算甲、乙两种产品应负担的外购动力。编制外购动力费用分配表，见表 3－7。

表 3－7 外购动力费用分配表

新兴公司 2013 年 6 月 单位：元

产品名称	生产工时	费用分配率	分配金额
甲产品	30 000		9 000
乙产品	18 000		5 400
合　计	48 000	0.3	14 400

［例 3－9］接上例，新兴公司本月共用电 243 800 度，每度电 0.5 元，共发生电费 121 900 元。该企业各部门均安装电表，电表显示各部门的用电情况如下：基本生产车间生产产品耗电 28 800 度，车间照明用电 65 000 度，辅助生产车间用电 80 000 度，其中供电车间用电 50 000 度，机修车间用电 30 000 度，管理部门用电 50 000 度，销售部门用电 20 000 度。本月基本生产车间生产甲、乙两种产品，本月甲产品实际生产工时为 30 000 小时，乙产品实际生产工时为 18 000 小时。该企业采用生产工时比例分配法分配动力费用，现编制外购动力费用分配表，见表 3－8。

表 3－8 购动力费用分配表

新兴公司 2013 年 6 月 单位：元

应借科目		成本或费用项目	分配计入		金额
			生产工时（分配率 0.3）	度数（分配率 0.5）	
基本生产成本	甲产品	燃料及动力	30 000		9 000
	乙产品	燃料及动力	18 000		5 400
	小 计		48 000	28 800	14 400
制造费用	基本生产车间	水电费		65 000	32 500
辅助生产成本	供电车间	燃料及动力		50000	25000
	修理车间	燃料及动力		30000	15000
	小 计			80000	40 000
管理费用		水电费		50 000	25 000
销售费用		水电费		20 000	10 000
合 计			48 000	243 800	121 900

根据外购动力费用分配表，编制外购动力费用分配的会计分录：

借：基本生产成本——甲产品　9 000

　　　　　　　——乙产品　5 400

　制造费用——基本生产车间　32 500

　辅助生产成本——供电车间　25 000

　　　　　　　——修理车间　15 000

管理费用 25 000
销售费用 10 000
贷:应付账款 121 900

四、职工薪酬费用的核算

(一)职工薪酬费用的内容

职工薪酬是指企业为获得职工提供的服务而给予各种形式的报酬以及其他相关支出。包括职工在职期间和离职后提供给职工的全部货币性薪酬和非货币性福利。企业提供给职工配偶、子女或其他被赡养人的福利等，也属于职工薪酬。职工薪酬主要包括以下内容：

1. 职工工资、奖金、津贴和补贴

职工工资、奖金、津贴和补贴，是指按照国家统计局的规定构成工资总额的计时工资、计件工资、支付给职工的超额劳动报酬和增收节支的劳动报酬、为了补偿职工特殊或额外的劳动消耗和因其他特殊原因支付给职工的津贴，以及为了保证职工工资水平不受物价影响支付给职工的物价补贴等。

企业按规定支付给职工的加班加点工资，以及根据国家法律、法规和政策规定，企业在职工因病、工伤、产假、计划生育假、婚丧假、事假、探亲假、定期休假、停工学习等特殊情况下，按计时工资或计件工资标准的一定比例支付的工资，也属于职工工资范畴，在职工休假或缺勤时，不应当从工资总额中扣除。

2. 职工福利费

职工福利费，是指企业为职工提供的福利，如企业内设医务室、职工浴室、理发室等集体福利机构人员的工资、医务经费、职工因公负伤赴外地就医路费、职工生活困难补助，以及按国家规定开支的其他职工福利支出 。

3. 社会保险费

社会保险费，是指企业按国家规定的基准和比例计算，向社会保险经办机构缴纳的医疗保险费、养老保险费、失业保险费、工伤保险费和生育保险费。养老保险费包括基本养老保险费、补充养老保险费和商业养老保险费。

4. 住房公积金

住房公积金，是指企业按照国务院《住房公积金管理条例》规定的基准和比例计算，向住房公积金管理机构交纳的住房公积金。

5. 工会经费和职工教育经费

工会经费和职工教育经费，是指企业为了丰富职工文化生活、为职工学习先进技术和提高文化水平和业务素质，用于开展工会活动和职工教育及职工技能培训等相关支出。

6. 非货币性福利

非货币性福利，是指企业以自己的产品或外购商品发放给职工作为福利，将自己拥有的资产或租赁资产无偿提供给职工使用，为职工无偿提供医疗保健服务等。

7. 辞退福利

辞退福利，是指由于实施重组或改组计划、职工不能胜任等原因，企业在职工劳动合同尚未到期之前解除与职工的劳动关系，或者为鼓励职工自愿接受裁减而提出补偿建议的计划中给予职工的经济补偿。

8. 其他与获得职工提供的服务相关的支出

其他与获得职工提供的服务相关的支出，是指除上述七种薪酬之外的其他为获得职工提供服务而给予的报酬，如股份支付。股份支付是指企业为获得职工和其他方提供服务而授予权益工具或者承担以权益工具为基础确定的负债的交易。

职工薪酬费用是企业产品成本和期间费用的重要组成内容。企业必须不断改善劳动组织，节约劳动力，合理控制职工薪酬支出，在提高劳动生产率的基础上不断降低职工薪酬费用。

（二）工资总额的组成

工资总额是企业在一定时期内支付给本单位全部职工的全部劳动报酬。工资总额的构成内容按国家统计局规定包括以下六个部分：

1. 计时工资

计时工资是指按计时工资标准（包括地区生活费补贴）和工作时间支付给个人的劳动报酬。工资标准是指每一职工在单位时间（月、日或小时）内应得的工资额。

计时工资包括对已做工作按计时工资标准支付的工资、新参加工作职工的见习工资（学徒的生活费）、运动员体育津贴。

2. 计件工资

计件工资是指对已做工作按计件单价支付的劳动报酬。计件单价是指完成单位产品应得的工资额。计件单价根据完成单位工作所需的工时定额，乘以从事该工作所需要的那一等级工人的每小时工资标准（也称小时工资率）计算确定。

计件工资包括：实行超额累进计件、直接无限计件、超定额计件等工资制，按劳动部门或主管部门批准的定额和计件单价支付给个人的工资；按工作任务包干方法支付给个人的工资；按营业额提成或利润提成，由于集体生产或者连续操作，不能按个人计算工作量的，也可以按照参加工作的集体（一般为班组）计算、支付集体计件工资。集体计件工资还应在集体成员内部按照每一职工劳动的数量和质量进行分配。

3. 奖金

奖金是指支付给职工的超额劳动报酬和增收节支的劳动报酬。包括生产奖、节约奖、劳动竞赛奖以及机关、事业单位的奖励工资 。

4. 津贴和补贴

津贴包括补偿职工特殊或额外的劳动消耗的津贴、保健性津贴、技术性津贴、其他津贴；补贴，指不受物价上涨影响而支付的各种物价补贴。

5. 加班加点工资

即指按规定支付给职工的加班工资和加点工资。

6. 特殊情况下支付的工资

即指根据国家法律法规和政策规定，在非工作时间支付给职工的工资及其他工资。

企业进行工资费用核算，应审核各项工资支出是否符合国家有关规定，不能将随同工资发放的非工资性支出计入工资费用，以控制工资支出，降低成本、费用，应审核各项工资支出的用途，以正确反映各期成本、费用。

不能列为工资总额的项目有：

1. 劳动保护费——作为制造费用计入产品成本

2. 差旅费（伙食补助及交通补助）——计入“管理费用”

3. 洗理费——作为职工福利列入“应付职工薪酬”开支

4. 生活福利部门人员工资——作为“应付职工薪酬”开支

（三）工资核算的原始记录

为了正确计算工资费用，必须建立健全各种工资核算的原始记录，以作为工资结算与考核的依据。工资核算的原始凭证主要有考勤记录、产量记录、工资卡等。

1. 考勤记录

考勤记录是登记职工出勤和缺勤情况的原始记录。在考勤记录中，应该登记企业内部每一部门、每一职工的出勤和缺勤时间。月末，考勤人员应将经过车间、部门负责人检查、签章以后的考勤记录送交会计部门审核。经过会计部门审核的考勤记录，即可以此计算每一职工的工资。考勤记录的主要形式有考勤簿、考勤卡、考勤钟等。考勤记录是计算职工工资、分析考核职工工作情况的依据，对严肃劳动纪律，提高企业劳动生产率具有重要的意义。

2. 产量记录

产量记录是反映工人或班组在出勤时间内生产产品的数量及耗用工时的原始记录，是统计产量和工时、计算计件工资的原始依据。不同企业或同一企业的不同车间，由于生产工艺过程和组织特点以及产品的性质不同，其产量记录的具体内容与编制程序也不尽相同。具体记录的形式有工作通知单和工作程序卡片、工序进程单、工作班产量报告表、产量通知单和产量明细表等。

3. 工资卡

工资卡主要是记录职工工资级别和工资标准的原始记录。工资卡的基本格式如表 3－9 所示。

表 3－9　　　　职工工资卡

姓名：　　　　工号：　　　　性别：　　　　工龄：

年	月	日	所属部门（车间）	职务	级别	工资	津贴标准	备注

4. 其他凭证

除了上述的考勤记录和产量记录外，还有奖金、津贴和补贴通知单，代扣款通知单，废品通知单等凭证，这些凭证也是计算工资费用的重要原始依据。

（四）工资的计算

工资的计算就是根据企业的工资分配制度分别计算每一职工的应得工资额。它是工资费用归集和分配的基础，也是企业与职工之间进行工资结算的依据。工业企业可根据具体情况采用不同的工资制度，其中最基本的工资制度是计时工资制度和计件工资制度。

1. 计时工资的计算

计时工资是根据考勤记录和规定的工资标准计算每一职工应得的工资额。企业在计算职工计时工资时，可采用月薪制和日薪制两种方法。

（1）月薪制

在月薪制下，不管各月日历天数多少，职工每月的全勤工资相同。每位职工当月应得的工资额按下列公式计算：

$$月工资额 = 月标准工资 - 缺勤工资$$

$$缺勤工资 = 缺勤天数 \times 日工资率 \times 扣款比例$$

公式中日工资率的计算通常有两种方法：

第一种计算方法：每月固定按30日计算，则日工资率＝月标准工资/30。这种日工资率下，法定节假日应计付工资，但缺勤期间的节假日应按缺勤处理，扣发工资。

第二种计算方法：每月固定按年日历日数365天减去104个双休日和11个法定节假日（其中新年元旦放假1天；春节放假3天；劳动节放假1天；国庆节放假3天；清明、端午、中秋各放假1天），再除以12个月算出的平均工作天数20.83天计算，日工资率＝月标准工资/20.83。

这种工资率下，法定节假日不付工资，因而缺勤期间的节假日不扣工资。

[例3－10] 车工张明的月标准工资960元。8月份31日，出勤15天，事假4天，病假2天，星期休假10日。根据该工人的工龄，其病假工资按标准工资的90%计算。该工人的病假和事假期间没有节假日，则月薪制下张明8月份应得工资计算如下：

(1)按30天计算日工资率：

$$日工资率 = 960 \div 30 = 32(元/天)$$

$$应付工资 = 960 - 32 \times 4 - 32 \times 2 \times 10\% = 825.6(元)$$

(2)按20.83天计算日工资率：

$$日工资率 = 960 \div 20.83 = 46.09(元/天)$$

$$应付工资 = 960 - 46.09 \times 4 - 46.09 \times 2 \times 10\% = 766.42(元)$$

企业固定职工的计时工资一般按月薪制计算。

课堂练习 3－2：

1. 目的：练习月薪制下计时工资的计算

2. 资料：

新兴公司某职工的月工资标准为900元。本月份请事假6天（其中双休日2天），病假2天（其中节假日1天），其病假工资按工资标准的90%计算。

3. 要求：

计算该工人本月应得工资（分别按月30天和20.83天计算）。

(2)日薪制

日薪制是根据职工每月实际出勤天数和日工资率计算其应得工资额的方法。在日薪制下，由于各月日历天数不同，各月全勤工资也不同。每位职工当月应得的工资额按下列公式计算：

$$月工资额 = 出勤天数 \times 日工资率 + 非工作时间工资$$

其中，日工资率可按月标准工资/30天计算，也可按月标准工资/20.83天计算。但日工资率的计算方法不同，当月出勤天数的计量方式也不同：如果日工资率按30天计算，则节假日也应视为出勤计发工资，缺勤期间的节假日视为缺勤不发工资；如果日工资率按20.83天计算，则节假日不视为出勤，缺勤期间的节假日也不扣工资。

[例3－11] 日薪制下[例3－10]中张明本月应得工资额计算如下：

(1)按30天计算日工资率：

日工资率 = 960 ÷ 30 = 32(元/天)

应付工资 = 32 × (15 + 10) + 32 × 2 × 90% = 857.6(元)

(2)按 20.83 天计算日工资率:

日工资率 = 960 ÷ 20.83 = 46.09(元/天)

应付工资 = 46.09 × 15 + 46.09 × 2 × 90% = 774.31(元)

从以上计算可以看出，不同的工资计算方法其计算结果不同。四种方法各有利弊，但按 20.83 日计算日工资率，节假日不算工资，更能体现按劳分配的原则，而且职工缺勤日数总比出勤日数少，计算缺勤工资总比计算出勤工资简便。因此，按 20.83 日计算日工资率、按缺勤扣月工资的方法，相对地说比较好。为保持会计信息的可比性，方法一经确定，不得随意变更。

2. 计件工资的计算

计件工资是指根据规定的计件单价和完成合格品数量计算支付的工资。在计算计件工资时，对于由于材料缺陷等客观原因产生的废品，即料废，应照付计件工资;对于由于工人加工过失等原因而产生的废品，即工废，则不应支付计件工资。计件工资按照支付对象的不同，可分为个人计件工资与集体计件工资两种。

(1)个人计件工资的计算

当职工所从事的工作能分清每个人的经济责任时，可采取个人计件工资的方式。如果工人在月份内仅生产一种产品，其计件工资可按下式计算:

应付计件工资 = (合格品数量 + 料废数量) × 计件单价

如果工人在月份内生产多种产品，且各种产品计件单价不同，则计件工资按下式计算:

应付计件工资 = Σ[(某种产品合格品数量 + 某种产品料废数量) × 某种产品计件单价]

[例 3 - 12]生产工人王刚本月加工完成 A、B 两种产品，A 产品 100 件，乙产品 200 件。验收时发现 A 产品全部合格，B 产品料废 10 件，工废 6 件。A 产品计件单价为 10 元，B 产品计件单价为 5 元。该工人本月应得计件工资的计算如下:

应付计件工资 = Σ[(某种产品合格品数量 + 该种产品料废数量) × 该种产品计件价]

= [100 × 10 + (200 - 6) × 5] = 1 000 + 970 = 1 970(元)

(2)集体计件工资的计算

按生产小组等集体计件工资计算方法与上述相同。不同之处是:集体计件工资还要在集体内部各工人之间按照贡献大小进行分配。由于工人的级别或工资标准一般体现工人劳动的质量和技术水平，工作时间一般体现劳动数量，因而集体内部的工资大多按照每人的工资标准和工作日数(或工时数)的乘积为比例进行分配。

[例 3 - 13] 某生产小组由甲、乙、丙三人组成，共同完成某项生产任务，按该集体完成的工作量及计件单价计算求得的集体计件工资为 18 000 元，该集体成员的工资标准分别为 15 元/小时、20 元/小时和 25 元/小时，出勤时间分别为 140 小时、150 小时和 156 小时。三人计件工资分配计算如下:

分配率 = 18 000 ÷ (15 × 140 + 20 × 150 + 25 × 156) = 2(元/小时)

甲应得工资额:140 × 15 × 2 = 4 200(元)

乙应得工资额:150 × 20 × 2 = 6 000(元)

丙应得工资额:156 × 25 × 2 = 7 800(元)

（五）工资的结算

企业应付给每一职工的工资，包括计时工资或计件工资，再加上奖金、津贴、补贴、加班加点工资，以及特殊情况下支付的工资。实际工作中，为了减少现金收付工作，企业在向职工支付工资的同时，一般随同支付某些福利费和交通补助费等代发款项，并且扣除职工应付的房租费、水电费、住房公积金、保险费（养老保险金、医疗保险金、待业保险金）、工会会费、个人所得税等代扣款项。因此，计算应付工资和支付工资，实际上是企业与职工之间进行的以工资为主的有关应收、应付款项的结算。支付工资时，实际支付给职工的现金为：

实发工资 = 应付工资 + 代发款项 - 代扣款项

1. 工资结算凭证的编制

工资结算凭证一般采用工资结算单形式。工资结算单，也称工资单，一般按车间、部门编制，每月一张，单内按职工分别填列应付工资、代发款项、代扣款项和实发工资。工资结算单一式三份：一份在发放工资时按姓名裁成工资条发给职工，以便核对；一份由劳资部门留存以便查核；一份由职工签章后交会计部门据以进行工资结算。

为了全面反映企业和各车间、部门的工资结算情况，会计部门应根据工资结算单归类汇总编制工资结算汇总表，并据以进行工资结算的总分类核算。

2. 工资结算的账务处理

为了总括地反映企业与职工之间有关工资的结算、支付和工资费用的分配情况，监督企业工资总额计划的执行情况，应该设立“应付职工薪酬”总账科目。凡是包括在工资总额内的各种工资、奖金、津贴等，不论是否在当月支付，均应通过本科目核算，随同工资一起发放的非工资性支出，不通过本科目核算。企业支付工资时，根据工资结算汇总表中的实发工资，借记“应付职工薪酬”科目，贷记“库存现金”或“银行存款”科目，结转代扣款项时，借记“应付职工薪酬”科目，贷记“其他应付款”、“应交税费”等科目。

（六）工资费用分配的核算

工资费用的分配，是指将企业职工的工资，作为一种费用，按照它的用途分配计入各种产品成本、经营管理费用等，或由规定的资金来源开支。工资结算凭证所列各车间、部门各种用途的应付工资额，就是分配工资费用的依据。工资费用的分配，应按用途在各受益对象之间分配：基本生产车间生产工人的工资费用应计入“基本生产成本”总账账户及所属明细账的“直接人工”成本项目，基本生产车间管理人员工资费用计入基本生产车间的“制造费用”账户；辅助生产车间生产工人工资计入“辅助生产成本”总账账户及所属明细账的“直接人工”成本项目，辅助生产车间管理人员工资费用计入辅助生产车间的“制造费用”账户，也可计入“辅助生产成本”账户；企业行政管理人员工资费用计入“管理费用”账户，福利部门人员工资费用应计入“应付职工薪酬”账户；专设销售机构人员工资费用计入“销售费用”账户。其他人员的工资费用分别计入相应账户以便从规定渠道开支。其中，生产工人的计件工资，属于直接计入费用，根据工资结算凭证（产量记录）直接计入某种产品成本的“直接人工”成本项目。生产工人的计时工资一般属于间接计入费用，但是在只生产一种产品时，属于直接计入费用，可以直接计入该种产品成本的“直接人工”成本项目；在生产多种产品时，则属于间接计入费用，应按照产品的生产工时比例等分配标准分配后再计入各种产品成本明细账“直接人工”成本项目。按生产工时（实际或定额）比例分配计算公式如下：

$$\text{工资费用分配率}=\frac{\text{生产工人工资总额}}{\text{各种产品生产工时或定额工时之和}}$$

某产品应分配计时工资 = 该产品生产工时(实际或定额) × 工资费用分配率

工资费用的分配，应通过工资费用分配表进行。该表应根据工资结算表等有关资料编制。

[例 3－14] 新兴公司生产甲、乙、丙三种产品，本月产品生产工人工资共 134 000 元，其中直接计入甲、乙、丙三种产品的直接工资分别为 13 600 元、11 400 元、21 000 元，共计 46 000 元；发生的间接工资费用为 88 000 元。本月生产甲、乙、丙三种产品实际生产工时分别为 20 000 小时、30 000 小时、60 000 小时。采用生产工时比例分配法分配工资费用。

工资费用分配率 = 88 000 /(20 000 + 30 000 + 60 000) = 0.8(元/小时)

甲产品应分配的工资费用 = 20 000 × 0.8 = 16 000(元)

乙产品应分配的工资费用 = 30 000 × 0.8 = 24 000(元)

丙产品应分配的工资费用 = 60 000 × 0.8 = 48 000(元)

[例 3－15] 新兴公司根据工资结算单等原始凭证编制"工资费用分配表"，见表 3－10。

表 3－10

工资费用分配表

2013 年 6 月

单位:元

应借科目		成本或费用项目	直接计入	分配计入		工资费用合计
				生产工时	分配金额(分配率 0.8)	
基本生产成本	甲产品	直接人工	13 600	20 000	16 000	29 600
	乙产品	直接人工	11 400	30 000	24 000	35 400
	丙产品	直接人工	21 000	60 000	48 000	69 000
	小 计		46 000	110 000	88 000	134 000
辅助生产成本	供电车间	直接人工	4 000			4 000
	机修车间	直接人工	2 000			2 000
	小 计		6 000			6 000
制造费用	基本生产车间	工 资	12 000			12 000
管理费用		工 资	12 000			12 000
销售费用		工 资	5 000			5 000
合 计			81 000		88 000	169 000

根据表 3－10，应编制下列会计分录：

借:基本生产成本——甲产品	29 600
——乙产品	35 400
——丙产品	69 000
辅助生产成本——供电车间	4 000
——机修车间	2 000
制造费用——基本生产车间	12 000

管理费用　12 000

销售费用　5 000

贷:应付职工薪酬——工资　169 000

(七)其他薪酬费用的核算

计量除工资之外的其他薪酬时，国家规定了计提基础和计提比例的，应当按照国家规定的标准计提，比如应向社会保险经办机构等缴纳的医疗保险费、养老保险费、失业保险费、工伤保险费、生育保险费等社会保险费，应向住房公积金管理机构缴存的住房公积金，以及工会经费和职工教育经费等。

没有规定计提基础和计提比例的，企业应当根据历史经验数据和实际情况，合理预计当期应付职工薪酬。当期实际发生额大于预计金额的，应当补提职工薪酬;当期实际发生额小于预计金额的，应当冲回多提的职工薪酬。

其中，社会保险费用及住房公积金的核算包括计提和缴纳两个方面，与成本费用有关的主要是社会保险费及住房公积金计提的核算，企业按规定标准计提的社会保险费用、住房公积金及工会经费等，计提后要由各个工资费用受益对象承担，计入相关的成本费用。

[例3-16] 承接[例3-15]，新兴公司假定按职工工资总额的36%计提当月社会保险费用及其他费用，编制表3-11“社保及其他费用分配表”如下：

表3-11　社保及其他费用分配表

2013年6月　单位:元

应借账户		成本或费用明细项目	工资总额	提取率	分配金额
基本生产成本	甲产品	直接人工	29 600		10 656
	乙产品	直接人工	35 400		12 744
	丙产品	直接人工	69 000		24 840
	小计		134 000		48 240
辅助生产成本	供电车间	直接人工	4 000		1 440
	机修车间	直接人工	2 000		720
	小计		6 000		2 160
制造费用	基本生产车间	社会保险费	12 000		4 320
管理费用		社会保险费	12 000		4 320
销售费用		社会保险费	5 000		1 800
合计			169 000	36%	60 840

其账务处理如下：

根据表3-11，应编制下列会计分录：

借:基本生产成本——甲产品　10 656

——乙产品　12 744

——丙产品　24 840

辅助生产成本——供电车间　1 440

——机修车间　　720

制造费用——基本生产车间　　4 320

管理费用　　4 320

销售费用　　1 800

贷:应付职工薪酬——社会保险费　　60 840

课堂练习 3－3:

1. 目的:练习工资费用的分配

2. 资料:

新兴公司 2013 年 9 月份“工资结算汇总表”中应付工资总额为 161 000 元，其中:生产工人工资 120 000 元，按产品的实际生产工时比例在甲、乙两种产品之间进行分配。甲、乙产品实际生产工时分别为 40 000 小时、20 000 小时。车间管理人员工资为 3 000 元，机修车间工资为 6 000 元，动力车间工资为 4 000 元，销售人员工资为 12 000 元，行政管理部门的工资为 16 000 元。按职工工资总额的 36% 计提当月社会保险费用及其他费用。

3. 要求:

(1) 编制“工资费用分配表”。

(2) 编制“社保及其他费用分配表”。

五、折旧费用的核算

正确计算折旧费用是做好折旧费用核算的前提，折旧费用的核算主要应解决折旧费用核算的基本方法、折旧费用的分配等问题。

(一) 折旧费用的计算

1. 计提折旧费用的资产范围

除了已经提足折旧仍然继续使用的固定资产及按规定单独作固定资产入账的土地不计提折旧费、提前报废的固定资产不补提折旧费用以外，企业自有的已达到预定可使用状态的固定资产都应该计提折旧费用。已达到预定可使用状态的固定资产，如果尚未办理竣工决算，应当按暂估价计提折旧费用，待办理竣工决算手续后，再按照实际成本调整原已计提的折旧费用。以融资租赁方式租入的固定资产应视同自有的固定资产计提折旧费用。

2. 计提折旧费用的时间范畴

企业一般应当按月计提折旧费用，为简化计算折旧费用工作，固定资产月折旧额按月初应计折旧费用的固定资产原值和规定的折旧率计算，即月份内增加的固定资产，当月不提折旧费用，从下月起计提折旧费用;月份内减少的固定资产，当月仍然计提折旧费用，从下月起停止计提折旧费用。因此，企业各月计提折旧费用，可以根据上月计提折旧加上上月增加固定资产应提折旧费用减去上月减少固定资产计提的折旧费用计算。

(二) 折旧费用分配的核算

1. 基本生产车间固定资产折旧费用计入基本生产车间“制造费用”明细账中“折旧费用”成本项目。基本生产车间机器设备折旧费用是直接用于产品生产的耗费，但往往一种机器设备可能生产多种产品，一种产品有可能需要使用多种机器设备。为简化产品成本计算工作，“基本生产成本”明细账中一般不专设“折旧费用”成本项目，而与基本生产车间间接用于产品生产的折旧费用一起计入制造费用，作为“制造费用”明细账中的一个成本项目。

2. 辅助生产车间固定资产折旧费用应计入“辅助生产成本”明细账中“折旧费用”成本项目。

3. 行政管理部门固定资产折旧费以及未使用、不需用固定资产的折旧费应计入“管理费用”明细账中“折旧费用”栏目。

4. 专设销售机构固定资产折旧费用应计入“销售费用”明细账中“折旧费用”栏目。

折旧费用的分配可以通过编制“固定资产折旧费用分配表”进行。

[例3－17] 假设新兴公司2013年10月份固定资产折旧费用有关资料及各部门分配的折旧费用如表3－12。

表3－12 **折旧费用分配表**

2013年10月 单位：元

应借科目	车间部门	9月固定资产折旧额	9月增加固定资产折旧额	9月减少固定资产折旧额	本月固定资产折旧额
制造费用	基本生产车间	90 000	30 000	20 000	100 000
辅助生产成本	锅炉车间	13 000	2 000	3 000	12 000
	机修车间	2 000			2 000
	小计	15 000	2 000	3 000	14 000
管理费用	行政管理部门	28 000	2 000		30 000
销售费用	专设销售机构	7 000	3 000		10 000
合计		140 000	37 000	23 000	154 000

根据表3－12，应编制下列会计分录：

借：制造费用——基本生产车间　100 000
　　辅助生产成本——锅炉车间　12 000
　　　　　　　　——机修车间　2 000
　　管理费用　30 000
　　销售费用　10 000
　　贷：累计折旧　154 000

六、利息费用、税金和其他费用的核算

（一）利息费用的核算

企业要素费用中的利息费用，不构成产品成本的组成部分，而是财务费用的一个费用项目。利息费用一般按季结算支付，如果利息费用较大，根据权责发生制，应区分各月实际发生的利息费用。季内各月应付的利息，应按月进行预提，借记“财务费用”账户，贷记“应付利息”账户；季末实际支付时冲减，借记“应付利息”账户，贷记“银行存款”账户。每季度实际支付利息与应付利息费用的差额，调整计入季末月份的财务费用。

企业取得的存款利息收入应抵减利息费用，收到存款利息时，借记“银行存款”账户，贷记“财务费用”账户。

（二）税金的核算

要素费用中的税金，包括房产税、车船使用税、土地使用税和印花税，也不构成产品成

本，而是管理费用的一个费用项目。

要素费用中的税金，有的需要预先计算应交金额，如房产税、车船使用税、土地使用税，这些税金应通过“应交税费”账户核算，计算出应交税金时，借记“管理费用”，贷记“应交税费”科目；在交纳税金时，借记“应交税费”科目，贷记“银行存款”等科目；而印花税，可以直接计算并缴纳，不通过“应交税费”账户核算，缴纳税金时，借记“管理费用”账户，贷记“银行存款”账户。

(三)其他费用的核算

其他费用，是指除前面所述各要素费用以外的费用，如生产单位的办公费、运输费、租赁费、邮电费、排污费、差旅费、劳动保护费、职工技术培训费、设计制图费等。这些费用大多与产品生产成本无直接关系，因此一般按照发生的车间、部门和用途归集，应根据有关付款凭证分别借记“制造费用——基本生产车间”、“辅助生产成本”、“管理费用”、“销售费用”等账户，贷记“库存现金”或“银行存款”等账户。

[例 3－18] 新兴公司 6 月份支付的税金、利息、其他费用分配汇总表见表 3－13(假定均通过银行支付)：

表 3－13

其他费用汇总表

2013 年 6 月

单位:元

应借科目		成本及费用项目	金 额
制造费用	基本生产车间	办公费	5 700
		修理费	34 300
		小 计	40 000
辅助生产成本	供电车间	修理费	7 400
		水电费	3 290
	机修车间	修理费	1 600
		水电费	1 670
	小 计		13 960
销售费用		运输费	7 680
		修理费	4 000
		保险费	3 850
		小 计	15530
管理费用	行政管理部门	办公费	12 350
		修理费	1 200
		小 计	13 550
合 计			83040

根据表 3－13 所列汇总资料，应编制下列会计分录：

借:制造费用——基本生产车间　　40000

　　辅助生产成本——供电车间　　10690

——机修车间 3270

销售费用 15530

管理费用 13550

贷:银行存款 86540

第二节 辅助生产费用的核算

一、辅助生产费用的归集

辅助生产费用的正确归集，是辅助生产费用分配的前提，也是产品成本正确计算的基础。为了正确归集辅助生产费用，必须设置“辅助生产成本”账户，并且一般应按车间别，以及劳务或产品别设置明细账归集辅助生产车间的耗费。

(一)辅助生产费用的内容

在生产规模较大的制造企业中，除基本生产车间外，一般都设有辅助生产车间，如供电车间、供水车间、锅炉车间、运输车间和机修车间等。这些辅助生产车间是专门为基本生产车间和行政管理部门等提供劳务或产品的，是为了保证基本生产车间产品生产的正常进行，以满足企业内部需要为根本任务。因此，尽管辅助生产车间有时也对外提供产品或劳务，但这并不是辅助生产车间的主要任务。

辅助生产车间在提供劳务或产品过程中会发生各种耗费，如原材料费用、工资费用、固定资产折旧费用、修理费、办公费、水电费和保险费等。辅助生产车间提供劳务或产品所耗费的各种生产耗费之和，构成这些劳务或产品的成本，成为辅助生产成本。辅助生产车间提供的劳务，如供电、供水、供气(汽)、运输和修理等;辅助生产车间提供的产品，如工具、模具和修理用备件等;由于这些劳务或产品绝大部分被本企业内部各车间、部门所消耗、领用，因此对于耗用这些劳务或产品的基本生产车间和行政管理部门等来说，这些辅助生产车间的劳务或产品成本又是一种耗费，称为辅助生产费用。

辅助生产车间提供的劳务或产品被基本生产车间所消耗的部分，构成企业产品成本的一部分;被行政管理部门所消耗的部分，构成管理费用的一部分。因此，辅助生产车间提供劳务或产品成本的高低，对于企业产品成本水平和当期损益确定有着直接的影响。同时，也只有在辅助生产的劳务或产品成本确定以后，才能归集出各基本生产车间发生的全部制造费用，才能着手基本生产产品成本的计算与当期损益的确定。因此，正确、及时地组织辅助生产费用的归集和分配，对于节约生产耗费、减低产品成本，以及正确、及时地计算产品成本和当期损益有着重要意义。

辅助生产车间发生的各项耗费一般包括直接材料、职工薪酬、制造费用。

1. 直接材料是指辅助生产车间为提供劳务或产品而直接消耗的各种材料，包括原料及主要材料、辅助材料、外购半成品、修理用备件、包装材料和燃料等。

2. 职工薪酬是指辅助生产车间直接从事劳务供应或产品生产人员的职工薪酬，包括工资、奖金、津贴和补贴，以及其他费用。

3. 制造费用是指辅助生产车间为组织和管理生产所发生的各项耗费，包括辅助生产车间管理人员的职工薪酬，辅助生产车间厂房、机器设备等固定资产的折旧费、修理费，办公费、水电费、取暖费、租赁费、机物料消耗费、财产保险费、低值易耗品摊销、劳动保护费等，以及其他制造费用。

(二)辅助生产费用归集的方法

辅助生产车间主要是为基本生产车间和行政管理部门等提供劳务或产品的。辅助生产车间按其所提供的劳务或产品的品种可以分为两种类型：一类是只提供一种劳务或产品的辅助生产，如供电、供水、运输等车间；另一类是提供多种劳务或产品的辅助生产，如修理、工模具制造等车间。辅助生产费用的归集与辅助生产的类型有着密切的联系。在只提供一种劳务或产品的辅助生产车间，其所发生的一切耗费都是直接计入耗费，一般可按经济用途即成本项目直接归集，并且，由于这些车间生产的产品或劳务一般无在产品，因此归集的生产耗费总额也就是该车间劳务或产品的总成本，除以劳务或产品的数量，即为劳务或产品的单位成本。在提供多种劳务或产品的辅助生产车间，所发生的各种耗费包括直接耗费和间接耗费，需要分清是哪一种劳务或产品所耗，对于能分清的直接计入耗费应直接计入该种劳务或产品的成本中并予以归集；对于不能分清的共同耗费作为间接计入耗费，应先按辅助生产车间分别归集，然后采用适当的分配标准，在各种劳务或产品之间进行分配并予以分别归集，最后确定各种劳务或产品的总成本和单位成本。

为了归集辅助生产费用和计算辅助生产产品或劳务的成本，需设置“辅助生产成本”账户。该账户借方登记为进行辅助生产所发生的一切耗费，包括辅助生产车间内直接发生的耗费以及从其他辅助生产车间分配转入的耗费；该账户贷方登记完工入库的自制材料、工模具的成本以及向其他辅助生产车间、基本生产车间、行政管理部门、销售部门等受益单位分配转出的劳务费；该账户在期末如借方有余额，表示辅助生产车间的在产品成本。

在“辅助生产成本”账户下，还需要根据各个辅助生产车间的实际情况再设置明细账，并分设成本项目，进行明细核算。对于只提供一种劳务或生产一种产品的辅助生产车间，可根据车间别设置明细账，账内可按耗费的经济内容并适当结合用途分设成本项目。对于提供多种劳务或产品的辅助生产车间，需根据车间按每种劳务或产品设置明细账，账内可按耗费的经济用途分设成本项目。

辅助生产费用归集的方法按是否设置“制造费用——辅助生产车间”明细账具体可分为两种不同的方法。

在设置“制造费用——辅助生产车间”明细账的方法下，可比照基本生产车间一样处理。对于辅助生产车间提供劳务或产品发生的耗费计入“辅助生产成本”账户及其所属明细账，而对于辅助生产车间为组织和管理生产等发生的制造费用先计入“制造费用——辅助生产车间”账户，月末再分配转入“辅助生产成本”账户，经分配结转后“制造费用——辅助生产车间”账户应无余额。

在不设置“制造费用——辅助生产车间”明细账的方法下，凡是辅助生产车间发生的各项耗费(无论是为提供劳务或产品发生，还是为组织和管理生产而发生的制造费用)全部直接计入“辅助生产成本”账户。

现给出新兴公司的例子：辅助生产成本归集到明细账中的具体数据。见表3－14、表3－15所示：

表 3－14　　辅助生产成本明细账

车间名称：锅炉车间　　单位：元

2013年 月	日	凭证号数	摘要	直接材料	燃料动力	直接人工	折旧费	机物料消耗	合计
10	31	略	原材料费用分配表	10 976					10 976
	31		燃料费用分配表		2200				2 200
	31		低值易耗品费用分配表					300	300
	31		外购动力费用分配表		3 500				3 500
	31		工资费用分配表			7 440			7 440
	31		社保及其他费用分配表			2 664			2 664
	31		固定资产折旧费用分配表				1 650		1 650
	31		待分配费用合计	10 976	5 700	10 104	1 650	300	28 730

表 3－15　　辅助生产成本明细账

车间名称：机修车间　　单位：元

2013 年		凭证号数	摘 要	直接材料	燃料动力	直接人工	折旧费	机物料消耗	合计
月	日								
10	31	略	原材料费用分配表	1314					1314
	31		燃料费用分配表		800				800
	31		低值易耗品费用分配表					150	150
	31		外购动力费用分配表		4000				4000
	31		工资费用分配表			4100			4100
	31		社保及其他费用分配表			1476			1476
	31		固定资产折旧费用分配表				460		460
	31		待分配费用合计	1 314	4 800	5 576	460	150	12 300

二、辅助生产费用的分配

辅助生产费用归集后，在期末要采用一定的方法，按照一定的标准在各个受益对象之间进行分配。

（一）辅助生产费用分配的程序与原则

辅助生产费用的分配，就是将归集在“辅助生产成本”总账及其明细账借方的辅助生产费用，采用一定的处理方法进行结转和分配。由于辅助生产提供劳务或生产产品的种类不同，其耗费结转和分配的程序也不同。

对于生产工具、模具、修理用备件而发生的辅助生产费用，在工具、模具、修理用备件完工入库时，其成本也从“辅助生产成本”账户的贷方转入“包装物”、“低值易耗品”、“原材料”等账户的借方，其结转过程与基本生产车间完工产品成本的结转基本相同。在领用时，根据用途按存货发出的各种计价方法，从“包装物”和“原材料”等账户的贷方转入“制造费用”、“管理费用”等账户的借方。

对于提供水、电、运输、修理等劳务发生的辅助生产费用，应按受益单位的耗用量，采用一定的分配方法在受益单位之间进行分配，从“辅助生产成本”账户的贷方转入“辅助生产成本”、“基本生产成本”、“制造费用——基本生产车间”、“管理费用”、“销售费用”、“在建工程”等账户的借方。

为了正确分配辅助生产费用，应遵循以下分配原则：

1. 谁受益谁承担的原则。对于接受辅助生产车间提供的劳务或生产的产品的受益单位均应负担辅助生产费用。其中，凡是能够直接确认受益对象的，应直接计入该对象成本中；不能直接确认受益对象的，应按受益比例在各受益单位之间进行分配，收益多的多分配，收益少的少分配。

2. 方法简便合理的原则。辅助生产费用的分配要采用既简便又合理的方法进行。为此，企业应根据辅助生产车间提供劳务的具体情况及其管理上的要求，选择合适的分配方法进行分配，既不能只求分配方法的简单而忽略了分配结果的准确，又不能只求分配结果的准确而致使分配方法过于复杂。

根据辅助生产费用的分配原则，各受益单位负担辅助生产费用时，对于不能直接确认受益对象的，应按受益（分配标准）程度在各受益单位之间进行分配。由此可见，分配辅助生产费用关键之处在于分配标准的选择及其对受益程度的正确计量。受益程度的确定，必须采用科学的计量工具和合理的标准来加以测定。凡是能够用仪器、仪表计量的，如供电、供水等，可用仪器、仪表的抄见数作为确定受益程度的依据。对于无法用仪器、仪表计量的，如机修，应选择合理的计量标准，如选择实际修理时间等作为确定受益程度的依据，并且应加强对原始记录的监管，以确定其正确性。只有选择合理的分配标准并正确的加以计量，才能保证辅助生产费用分配的正确。

（二）辅助生产费用的分配方法

辅助生产费用的分配必须各车间分别进行，其分配的计算一般通过编制辅助生产费用分配表进行。该表不仅起到分配计算辅助生产费用的作用，而且也是各受益部门耗用辅助生产费用据以入账的依据。

辅助生产费用的分配方法很多，主要有直接分配法、顺序分配法、一次交互分配法、计划成本分配法和代数分配法等方法。

1. 直接分配法

直接分配法是将各种辅助生产费用直接分配到辅助生产车间以外的各受益单位，而不考虑各辅助生产车间之间相互提供产品或劳务情况的一种分配方法。其分配程序是：首先根据各辅助车间实际发生的费用和向辅助车间以外的各受益对象提供的产品或劳务总量，计算出各辅助生产车间的实际单位生产成本；然后再按实际单位生产成本和各受益对象的耗用量进行分配。分配特点为：只对外，不对内。其计算公式如下：

$$\text{某辅助生产车间产品或劳务单位成本}=\frac{\text{该辅助车间生产费用总额}}{\text{该车间本月提供产品或劳务总量}-\text{其他辅助生产车间耗用量}}$$

某受益对象分配额 = 该受益对象耗用量 × 耗用产品或劳务的单位成本

[例3－19] 新兴公司2013年10月锅炉车间和机修车间成本总额分别为28 730元和12 300元(见表3－14、表3－15)，假定这两个车间供应的对象和数量见表3－16。

表3－16 锅炉、机修车间本月提供劳务量汇总表

受益对象		供汽/吨	机修/小时
辅助生产车间	锅炉车间		200
	机修车间	300	
基本生产车间		10 465	2 375
行政管理部门		3 600	500
合 计		14 365	3 075

根据表中资料有关计算如下：

锅炉车间费用分配率 ＝28 730 ÷（14 365－300） ＝ 2.04(元/吨)

机修车间费用分配率 ＝ 12 300 ÷（3 075－200）＝ 4.28(元/小时)

实际工作中，辅助生产费用的分配是通过编制辅助生产费用分配表进行的，本例辅助生产费用分配表如表3－17。

表3－17 辅助生产费用分配表(直接分配法)

2013年10月 单位:元

辅助生产车间名称			锅炉	机修	合 计
待分配费用			28 730	12 300	41 030
辅助生产车间以外单位受益劳务量			14 065	2 875	
应借科目	制造费用(基本生产车间)	劳务量	10 465	2 375	
		分配金额	21 384.6	10 165	31 513.6
	管理费用	劳务量	3 500	500	
		分配金额	7 381.4	2 135	9 516.4①
分配金额合计			28 730	12 300	41 030

注:①行数据为倒推求得。

根据表3－17，应编制下列会计分录：

借:制造费用　　31 513.6

　　管理费用　　9 516.4

　　贷:辅助生产成本——锅炉　　28 730

　　　　　　　　　——机修　　12 300

从以上可见，直接分配法的优点是简便易行。但由于此方法未在辅助生产车间之间进行费用分配，因而分配结果不准确。这种方法适宜在辅助生产内部相互提供产品或劳务较少，不进行交互分配，对辅助生产成本影响不大的情况下采用。

课堂练习 3－4：

1. 目的：练习辅助生产费用的分配

2. 资料：新兴公司 2013 年 9 月份“辅助生产成本”明细账归集的辅助生产费用总额为：机修车间 24 000 元、动力车间 30 000 元。机修、动力两个辅助生产车间提供的劳务数量如表。

辅助生产车间供应产品及劳务数量

项目	机修供应数量/小时	动力供应数量/度
机修车间		800
动力车间	500	
产品生产耗用		10 000
车间一般耗用	3 000	1 500
专设销售部门	500	1 000
企业管理部门	800	1 700
合计	4 800	15 000

3. 要求：

采用直接分配法编制“辅助生产费用分配表”，并做相应的会计分录。

2. 顺序分配法

顺序分配法又称梯形分配法，是将各辅助生产车间按受益多少的顺序依次排列，受益少的排在前，先将耗费分配出去，受益多的排列在后，后将耗费分配出去，排列在前的分配给排列在后的，排列在后的不再分配给排列在前的。但应注意的是：受益多少，是指受益金额的大小，而不是受益数量的多少。排列在后的进行分配时，应在原发生的耗费基础上加上排列在前的辅助生产车间耗费分配转入数。

［例 3－20］沿用［例 3－19］资料，锅炉车间为机修车间提供的劳务金额为（28 730/14 365 × 300 = 600 元），机修车间为锅炉车间提供的劳务金额为（12 300/3 075 × 200 = 800 元），所以机修车间受益少先分配，锅炉车间受益多后分配。根据这一顺序编制辅助生产费用分配表，如表 3－18：

表 3-18 **辅助生产费用分配表(顺序分配法)**

2013 年 10 月　　单位:元

应借账户 / 供应单位		辅助生产成本		制造费用	管理费用	合计
		机修车间	锅炉车间			
机修车间	供应数量		200	2 375	500	3 075
	直接费用					12 300
	待分配费用					12 300
	分配率					4
	分配金额		800	9 500	2 000	12 300
锅炉车间	供应数量			10 465	3 600	14 065
	直接费用					28 730
	待分配费用					29 530
	分配率					2.0 995
	分配金额			21 971.27	7 558.73	29 530①
分配金额合计			800	31 471.27	9 558.73	41 830

注:①行数据为 28 730 + 800 求得。

根据辅助生产费用分配表编制会计分录如下:

借:辅助生产成本——锅炉车间　　800
　制造费用　　9 500
　管理费用　　2 000
　贷:辅助生产成本——机修车间　　12 300

借:制造费用　　21 971.27
　管理费用　　7 558.73
　贷:辅助生产成本——锅炉车间　　29 530

采用顺序分配法,各辅助生产车间的耗费也只需分配一次即可完成,分配方法简单,同时,还能反映出各辅助生产车间之间相互提供劳务的差异程度。由于辅助生产分配时既分配给辅助生产车间以外的各受益单位,又分配给排列在后的其他辅助生产车间,使得排列在后的辅助生产车间耗费归集较全,因而分配结果正确性较直接分配法有所提高。但由于排列在前的辅助生产车间不负担排列在后的辅助生产车间的耗费,致使其分配结果的正确性受到排列顺序的影响。另外,各辅助生产车间之间耗费分配排列顺序的确定也比较困难,因此,顺序分配法使用受到了一定的限制。这种分配方法只适宜在各辅助生产车间之间相互受益具有明显差异的企业中采用。

课堂练习 3-5:

以课堂练习 3-4 为资料,练习采用顺序分配法编制"辅助生产费用分配表",并作相应的会计分录。

3. 一次交互分配法

一次交互分配法是将辅助生产费用先在辅助生产车间之间按照它们相互提供劳务的数量进行一次交互分配，然后再将各辅助生产车间交互分配后的实际耗费，在辅助生产车间外部各受益单位之间进行分配的一种辅助生产费用的分配方法。交互分配法分配辅助生产费用分两个步骤进行：首先对内进行交互分配，在各辅助生产车间、部门之间，按相互提供的劳务数量和交互分配的费用分配率，进行一次交互分配；然后对外进行分配，将各辅助生产车间交互分配后的实际费用（即交互分配前的待分配费用加上交互分配转入的费用，减去交互分配转出的费用）在辅助生产车间、部门以外的各受益单位之间，按其接受的劳务数量和对外分配率进行分配。

交互分配法的特点是：要进行两次分配，计算两次费用分配率首先对内进行交互分配，然后再对外进行分配。

具体的计算步骤如下：

第一步（交互分配），根据辅助生产车间之间相互提供劳务的数量以及辅助生产车间交互分配的耗费分配率，在辅助生产车间之间进行一次交互分配。有关计算公式如下：

$$交互分配率=\frac{辅助生产车间交互分配前的费用总额}{该车间提供产品或劳务总量}$$

$$某辅助生产车间交互分配额=该辅助生产车间耗用量\times交互分配率$$

第二步（对外分配），将各辅助生产车间交互分配前的耗费加上交互分配转入的耗费减去交互分配转出的耗费计算出交互分配后的实际耗费，再按对外提供劳务的数量，在辅助生产车间以外的受益单位之间采用直接分配法进行第二次分配。有关计算公式如下：

$$\begin{array}{c}某辅助生产车\\间对外分配率\end{array}=\frac{\begin{array}{c}该辅助生产车间\\交互分配前的费用\end{array}+\begin{array}{c}交互分配转\\入的费用\end{array}-\begin{array}{c}交互分配转\\出的费用\end{array}}{该辅助生产车间对外提供产品或劳务总量}$$

$$\begin{array}{c}某受益对象\\应负担的费用\end{array}=\begin{array}{c}该受益对象\\耗用量\end{array}\times对外分配率$$

[例3-21]沿用[例3-19]资料，说明一次交互分配法的运用。

1. 计算交互分配前劳务单位成本

锅炉车间交互分配前费用分配率 = 28 730 ÷ 14 365 = 2（元/吨）

机修车间交互分配前费用分配率 = 12 300 ÷ 3 075 = 4（元/小时）

2. 计算交互分配的劳务费用

锅炉车间分配转入的修理费用 = 200 × 4 = 800（元）

机修车间分配转入的供汽费用 = 300 × 2 = 600（元）

3. 计算辅助生产车间交互分配后的实际费用

锅炉车间交互分配后的实际费用 = 28 730 + 800 − 600 = 28 930（元）

机修车间交互分配后的实际费用 = 12 300 + 600 − 800 = 12 100（元）

4. 计算交互分配劳务单位成本

锅炉车间交互分配后费用分配率 = 28 930 ÷（14 365 − 300）= 2.057（元/吨）

机修车间交互分配后费用分配率 = 12 100 ÷（3 075 − 200）= 4.209（元/小时）

5. 计算对外分配的劳务费用

基本生产车间应分配的供汽费用 = 10 465 × 2.057 = 21 526(元)

基本生产车间应分配的机修费用 = 2 375 × 4.209 = 9 996(元)

行政管理部门应分配的供汽费用 = 28 930 - 21 526 = 7 404(元)

行政管理部门应分配的机修费用 = 12 100 - 9 996 = 2 104(元)

根据计算结果编制辅助生产费用分配表，如表 3 - 19。

表 3 - 19　　**辅助生产费用分配表(交互分配法)**

2013 年 10 月　　单位:元

项目				交互分配			对外分配		
辅助生产车间名称				锅炉	机修	合计	锅炉	机修	合计
待分配费用				28 730	12 300	41 030	28 930	12 100	41 030
劳务供应数量总额				14 365	3 075		14 065	2 875	
费用分配率				2	4		2.057	4.209	
应借账户	辅助生产成本	锅炉车间	数量		200				
			金额		800	800			
		机修车间	数量	300					
			金额	600		600			
		金额小计		600	800	1 400			
	制造费用	基本生产车间	数量				10 465	2 375	
			金额				21 526	9 996	31 522
	管理费用		数量				3 600	500	
			金额				7 404	2 104	9 508[①]
	对外分配金额合计						28 930	12 100	41 030

注:①行数据为倒推求得。

根据表 3 - 19，应编制下列会计分录:

对内交互分配:

借:辅助生产成本——锅炉　　800

　　　　　　　　——机修　　600

　贷:辅助生产成本——机修　　800

　　　　　　　　　——锅炉　　600

对外分配:

借:制造费用　　31 522

　管理费用　　9 508

　贷:辅助生产成本——锅炉　　28 930

　　　　　　　　　——机修　　12 100

采用一次交互分配法，由于对各辅助生产车间之间相互提供的劳务都进行了交互分配，因此与直接分配法和顺序分配法相比提高了分配结果的准确性，而且方法便于理解运用。但是，由于各辅助生产费用要进行两次分配，要计算两个耗费分配率，工作量有所增加，并且交互分配的耗费分配率，由于是根据原发生的耗费计算的，耗费分配率不够完整，因此分配结果也只具有相对的准确性，同时进行两次分配往往还会影响成本计算的及时性。另外，由于采用实际的单位成本（耗费分配率）进行分配，因此，运用这种方法也会将辅助生产车间发生的超支或节约差异转嫁到基本生产车间，从而不利于对基本生产车间业绩的考核与评价。这种方法一般适用于各辅助生产车间之间相互提供劳务较多的企业。

课堂练习 3－6：

以课堂练习 3－4 为资料，练习采用一次交互分配法编制“辅助生产费用分配表”，并作相应的会计分录。

4. 代数分配法

代数分配法，是运用代数中多元一次联立方程的原理，在辅助生产车间之间相互提供产品或劳务情况下的一种辅助生产成本分配方法。采用这种分配方法，首先，应根据各辅助生产车间相互提供产品和劳务的数量，求解联立方程式，计算辅助生产产品或劳务的单位成本；其次，根据各受益单位（包括辅助生产内部和外部各单位）耗用产品或劳务的数量和单位成本，计算分配辅助生产费用。其基本计算步骤如下：

（1）设未知数，并根据辅助生产车间之间交互服务关系建立方程组。

（2）解方程组，算出各种产品或劳务的单位成本。

（3）用各单位成本乘以各受益部门的耗用量，求出各受益部门应分配计入的辅助生产费用。

［例 3－22］沿用［例 3－19］资料，按代数分配法计算如下：

设 X 为每吨汽的单位成本，Y 为每小时修理的成本，则设立联立方程式为

$$\begin{cases}28\ 730+200Y=14\ 365X\\12\ 300+300Y=3\ 075Y\end{cases}$$

求解二元一次方程式得

$$\begin{cases}X=2.063\ 5(\text{元})\\Y=4.201.3(\text{元})\end{cases}$$

根据上述计算结果，编制辅助生产费用分配表，如表 3－20。

表 3－20

辅助生产费用分配表（代数分配法）

2013 年 10 月

单位：元

辅助生产车间名称	锅炉	机修	合计
待分配费用	28 730	12 300	41 030
劳务供应数量总额	14 365	3 075	
用代数分配法计算出的实际单位成本	2.063 5	4.201 3	

续表

应借账户	辅助生产成本	锅炉车间	数量		200	
			金额		840.26	840.26
		机修车间	数量	300		
			金额	619.05		600
		金额小计		619.05	840.26	1 459.31
	制造费用	基本生产车间	数量	10 465	2 375	
			金额	21 594.53	9 978.09	31 572.62
	管理费用		数量	3 600	500	
			金额	7 428.6	2 100.65	9 529.25
	对外分配金额合计			29 642.18	12 919	42 561.18

说明：辅助生产车间分配金额合计 42 561.18 元，与待分配费用 41 030 相差 531.18 元，这是由于两辅助生产车间之间交互分配内部转账以及单位成本的小数引起的。

根据辅助生产费用分配表编制会计分录如下：

借：辅助生产成本——锅炉　　840.26
　　　　　　　　——机修　　619.05
　　制造费用　　31 572.62
　　管理费用　　9 529.25
　　贷：辅助生产成本——锅炉　　29 642.18
　　　　　　　　　　——机修　　12 919

采用代数分配法，由于辅助生产费用是用联立方程求解得到的实际单位成本进行分配的，因此其分配结果最准确。但在分配前先要解联立方程，如果辅助生产车间多，未知数也就多，计算工作量就会大大增加，计算亦较复杂，因此，这种方法一般适宜在辅助生产车间不多或已经实现会计电算化的企业采用。

课堂练习 3－7：

以课堂练习 3－4 为资料，练习采用代数分配法编制“辅助生产费用分配表”，并作相应的会计分录。

5. 计划成本分配法

计划成本分配法是指按辅助生产费用的计划单位成本和各受益单位耗用的劳务数量，分配辅助生产费用的一种方法。辅助生产为各受益单位提供的产品或劳务，一律按产品或劳务的实际耗用量和计划单位成本进行分配。辅助生产车间实际发生的费用（包括辅助生产交互分配转入的费用在内）与按计划单位成本分配转出的费用之间的差额，也就是辅助生产产品或劳务的成本差异，可以追加分配给辅助生产以外的各受益单位，为了简化计算工作，也可以全部计入“管理费用”账户。采用这种方法分配辅助生产费用时，可分为两个步骤进行：

第一，按计划成本分配费用。根据各产品、车间、部门实际耗用的劳务数量和预先确定的计划单位成本计算分配辅助生产费用；

第二，结转分配成本差异。计算辅助生产车间实际成本和按计划单位成本分配出去的计划成本的差异，进行调整分配。

其计算公式如下：

某辅助生产车间对外分配计划总成本 = 辅助生产车间提供的劳务总量 × 该车间计划单位成本

某辅助生产车间实际总成本 = 该辅助生产车间归集的生产费用 + 其他辅助车间分配转入的计划成本

某辅助生产车间成本差异 = 该辅助生产车间实际总成本 − 该辅助生产车间已对外分配的计划总成本

［例3－23］沿用［3－19］资料，按计划成本分配法计算如下：

假设锅炉车间的蒸汽每吨1.9元，机修车间每小时3.8元，编制的辅助生产费用分配表如表3－21所示。

表3－21　　辅助生产费用分配表（计划成本分配法）

2013年10月　　单位：元

辅助生产车间名称				锅炉车间		机修车间		合计
				数量/吨	金额	数量/小时	金额	
待分配费用					28 730		12 300	41 030
计划成本分配	计划单位成本				1.9		3.8	
	应借账户	辅助生产成本	锅炉			200	760	760
			机修	570	300	570		
			小计		570		760	
		制造费用	基本生产车间	10 465	19 883.5	2 375	9 025	28 908.5
				3 600	6 840	500	1 900	8 740
		管理费用			27 293.5		11 685	38 978.5
	按计划成本分配合计							
辅助生产实际成本					29 490		12 870	42 360
辅助生产成本差异					2 196.5		－1 185	1 011.5

根据辅助生产费用分配表，应编制下列会计分录：

按计划成本分配辅助生产费用时：

借：辅助生产成本——锅炉　　760

　　　　　　　——机修　　570

　　制造费用　　28 908.5

　　管理费用　　8 740

　　贷：辅助生产成本——锅炉　　27 293.5

　　　　　　　　——机修　　11 685

调整辅助生产成本差异时，超支差异用蓝字补加，节约差异用红字冲减。

借:管理费用　　　　　　　　　　　　　　　　　　1 011.5
　　贷:辅助生产成本——锅炉　　　　　　　　　　　　2 196.5
　　　　　　　　　——机修　　　　　　　　　　　　1 185

采用计划成本分配法，由于预先制定了产品和劳务量的计划单位成本，各种辅助生产费用只需要分配一次，简化和加速了分配的计算工作。同时还能反映和考核辅助生产成本计划的执行情况以及各受益单位的成本，有利于分清企业内部各单位的经济责任。它适用于实行厂内经济核算，计划成本较为准确，管理水平较高的企业。

课堂练习 3 －8:

以课堂练习 3 －4 为资料，练习采用计划成本分配法编制“辅助生产费用分配表”，并作相应的会计分录。(假设动力车间的每度计划成本 1.8 元，机修车间每小时计划成本 4.8 元。)

第三节　制造费用的核算

一、制造费用归集的核算

制造费用是指制造企业内各生产单位(分厂、车间)为生产产品(或提供劳务)而发生的，应该计入产品成本，但没有专设成本项目的各项生产费用。

(一)制造费用的内容

制造费用的内容可概括为以下三大方面:

1. 间接用于产品生产的耗费

制造费用大部分是间接用于产品生产的耗费，如机物料消耗、生产车间用房屋、建筑物的折旧费、保险费、租赁费、车间生产用的照明费、取暖费、降温费、运输费、劳动保护费，以及季节性和修理期间的停工损失等。

2. 直接用于产品生产的耗费

这些耗费虽然用于产品生产，但管理上不要求或核算上不便于单独核算，因而未专设成本项目的费用，如生产用机器设备的折旧费、租赁费、保险费、生产用低值易耗品的摊销、设计图纸费和试验检查费等，也列入制造费用。

3. 生产单位组织管理生产而发生的耗费

这些耗费虽然具有管理费用的性质，但由于车间(或分厂)是企业从事生产活动的单位，它的管理费用与制造费用很难严格划分，为了简化核算工作，也作为制造费用核算。这些耗费有:车间管理人员职工薪酬，车间管理用房屋和设备的折旧费、租赁费和保险费，车间管理用具摊销，车间管理用的照明费、水费、取暖费、差旅费和办公费等。

制造费用的内容比较复杂，为了减少耗费项目，简化核算手续，制造费用的耗费项目一般不按直接用于产品生产、间接用于产品生产以及用于组织管理生产划分，而是将性质相同的耗费合并设立相应的耗费项目。制造费用的具体栏目有:

(1)职工薪酬。职工薪酬是指生产单位(分厂、车间，下同)除生产工人之外的管理人员、工程技术人员和其他生产人员的工资以及按工资比例计提的社保以及其他费用。

(2)折旧费用。折旧费是指生产单位的房屋、建筑物、机器设备等固定资产按规定的折旧方法计算的折旧费用。

(3)租赁费。租赁费是指生产单位租入固定资产和专用工具而发生的租金，但不包括融资租赁费。

(4)机物料消耗。机物料消耗是指生产单位维护生产设备等所消耗的各种材料。

(5)低值易耗品摊销。低值易耗品摊销是指生产单位使用的各种低值易耗品的摊销费。

(6)取暖费。取暖费是指生产单位用于职工防寒取暖而发生的耗费，不包括支付给职工的取暖津贴。

(7)水电费。水电费是指生产单位管理上耗用水、电而发生的费用。生产工艺耗用水电耗费比较大的，可以专设"燃料及动力"成本项目核算。

(8)办公费。办公费是指生产单位耗用的文具、印刷、邮电、办公用品等耗费。

(9)差旅费。差旅费是指生产单位职工因公出差而发生的交通、住宿、出差补助等耗费。

(10)运输费。运输费是指生产单位耗用厂内、厂外的运输劳务耗费。

(11)保险费。保险费是指生产单位应负担的财产物资保险费，从保险公司取得的赔偿应从本项目扣除。

(12)设计制图费。设计制图费是指生产单位应负担的图纸费、制图用品费和委托设计部门设计图纸而发生的耗费。

(13)试验检验费。试验检验费是指生产单位应负担的对材料、半成品、产品进行试验或进行检验、化验、分析的耗费。

(14)劳动保护费。劳动保护费是指生产单位为保护职工劳动安全所发生的劳动用品费，如劳保眼镜，工作用的鞋、帽、手套和服装等。

(15)季节性、修理期间停工损失。季节性、修理期间停工损失是指季节性停工和生产用固定资产修理期间的停工损失。

(16)其他。其他是指以上各项以外的应计入产品成本的其他制造费用，如在产品盘亏、毁损损失。

(二)制造费用归集的核算

制造费用是产品成本的组成部分并占有一定比重，在当今知识经济时代，直接生产费用在产品成本中的比重呈下降趋势，间接制造成本在产品成本中呈上升趋势，因此间接制造成本，也就是制造费用的核算准确与否，直接影响产品成本计算的正确性。

制造费用的归集和分配是通过"制造费用"账户进行的。对于基本生产车间，应该按车间分设明细账，不管该车间是生产多种产品还是生产一种产品，为了管理和控制该项耗费发生，都应按车间单独核算。对于辅助生产车间，可以设置"制造费用"账户单独核算;若生产的产品或劳务单一，且制造费用金额较少，可不对制造费用单独设置账户，直接将其计入"辅助生产成本"账户核算。

制造费用应根据管理的需要，按生产车间开设明细账，账内按照费用项目设置专栏，进行明细核算。具体项目可以根据耗费比重大小和管理要求，进行适当的合并，以简化核算工作。企业发生的制造费用，按其发生的地点和用途归集于"制造费用"账户借方及其所属明细账的有关栏目，一般于月末根据"材料费用分配表"、"人工费用分配表"、"动力费用分配表"、

“折旧费用分配表”、“其他费用分配表”等有关凭证登记“制造费用”及其所属明细账。

制造费用明细账的格式见表 3－22。

表 3－22 制造费用明细账

基本生产车间 2013 年 4 月 单位:元

2013 年		凭证字号	摘要	机物料	人工费	水电费	折旧费	低值易耗品	保险费	管理费	其他	合计	转出
月	日												
4	略	略	材料费用分配表	68								68	
			低值易耗品费用分配表					2 300				2 300	
			外购动力费用分配表			400						400	
			工资及福利分配表		1094.40							1094.40	
			折旧费分配表				2 000					2 000	
			其他费用分配表			100					250	350	
			保险费用分配表						4000			4000	
			辅助生产费用分配表			337.50				300		637.50	
			分配转出										10849.90
			合 计	68	1 094.40	837.50	2000	2 300	4000	300	250	10849.90	0

二、制造费用分配的核算

为了正确计算产品成本，必须合理地分配制造费用。由于各个车间制造费用水平不同，所以制造费用应按各个车间、分厂分别进行分配，而不是将各车间的制造费用统一起来在整个企业进行分配。

(一)制造费用分配程序及分配标准的选择

本期实际发生的制造费用归集汇总后，应于期末按一定的标准分配给本车间的受益对象。

在只生产一种产品的车间，所发生的制造费用是直接制造费用，应直接转入该种产品成本;在生产多种产品的车间中，且产品生产是在不同的生产小组进行的，如果各生产小组按产品品种分工生产的情况下各小组本身发生的制造费用是直接制造费用，应直接计入各该产品的成本，各小组共同发生的耗费是间接制造费用，则应按一定的方法分配计入各产品的成本;如果各生产小组按生产工艺分工生产的情况下，车间发生的所有制造费用都是间接制造费用，都应按一定的标准在车间所生产的产品中进行分配。

制造费用正确分配的关键在于选择恰当的分配标准。而恰当的分配标准既要合理又要使资料容易取得，并且要相对稳定。

(二)制造费用分配的方法

制造费用的分配方法一般有按生产工时、生产工人工资、机器工时和年度计划分配率等分配。企业具体采用哪种分配方法，由企业自行决定。但分配方法一经确定，就不得随意变更，如需变更，应当在会计报表的附注中予以说明。

1. 生产工时比例法

这是按照各种产品所用生产工时的比例分配制造费用的一种方法。计算方法如下：

$$制造费用分配率 = \frac{制造费用总额}{车间各种产品生产工时总数}$$

$$某种产品应分配的制造费用 = \frac{该种产品}{生产工时} \times \frac{制造费用}{分配率}$$

［例 3－24］新兴公司第一车间生产甲、乙两种产品，2013 年 10 月发生的制造费用和有关资料如表 3－23：

表 3－23　　　　**公司第一车间制造费用和有关资料**

项目	甲产品	乙产品	合计
产量/件	2 000	3 000	
生产工人实际生产工时/小时	1 800	1 200	3 000
直接材料/元	500 000	350 000	850 000
直接人工(其中生产工人工资)	100 000	70 000	170 000
机器工时/小时	1 200	1 350	2 550
制造费用合计/元			25 500

根据上述资料，计算分配如下：

制造费用分配率＝25 500÷(1 800＋1 200)＝8.5

甲产品负担的制造费用＝1 800×8.5＝15 300(元)

乙产品负担的制造费用＝1 200×8.5＝10 200(元)

实际工作中，制造费用的分配可以通过编制“制造费用分配表”来进行。根据上述资料编制该车间的制造费用分配表如表 3－24：

表 3－24　　　　**制造费用分配表**

2013 年 10 月　　　　单位:元

应借科目	生产工时/小时	分配率	制造费用/元
基本生产成本(甲产品)	1 800	8.5	15 300
基本生产成本(乙产品)	1 200	8.5	10 200
合计	3 000		25500

根据制造费用分配表，编制会计分录如下：

借:基本生产成本——甲产品　　15 300

　　　　　　　　——乙产品　　10 200

　贷:制造费用　　25 500

按生产工时比例分配制造费用，可使产品负担制造费用的多少与劳动生产率的高低联系起来，因此，是一种常用的较好方法。在超额完成生产计划时，由于产量增加，单位产品耗用工时相对减少，所负担的制造费用也就相应减少，使单位产品制造成本降低，从而正确反映了劳动生产率与产品制造成本之间的关系；同时，生产工时是分配间接计入费用常用的分配标准之一，多数企业有较完整的工时记录，工时记录容易取得。但是，采用这一方法，各种产品工艺过程的机械化程度应该相差不多，否则机械化程度高的产品，由于生产工时较少，分配负担的制造费用也就较少。但是，制造费用中有比重较大的与机器使用相关的耗费，如折旧费、修理费、租赁费和保险费等，因而会影响耗费分配的合理性。产品生产的机械化程度高，应该多负担这些耗费，而不应该少负担这些费用。如果企业产品的工时定额比较准确，上述计算公式也可按不同产品的定额工时的比例分配制造费用。

这种方法适用于机械化程度较低，或生产单位内各产品工艺过程机械化程度大致相同的企业。

课堂练习 3－9：

1. 目的：练习制造费用的分配。

2. 资料：

基本生产车间 2013 年 9 月制造费用总额为 68 000 元，实际生产工时为 80 000 小时，其中，甲产品实际生产工时为 60 000 小时，乙产品实际生产工时为 20 000 小时。

3. 要求：

按生产工时分配制造费用，并作相应的会计分录。

2. 生产工人工资比例分配法

生产工人工资比例法是以各种产品的生产工人工资为标准分配制造费用的一种方法。计算公式如下：

$$制造费用分配率=\frac{制造费用总额}{车间各种产品的生产工人工资总额}$$

$$\begin{matrix}某种产品应负\\担的制造费用\end{matrix}=\begin{matrix}该种产品生\\产工人工资\end{matrix}\times\begin{matrix}制造费用\\分配率\end{matrix}$$

根据[例 3－24]资料，计算分配如下：

制造费用分配率＝25 500÷（100 000＋70 000）＝0.15

甲产品负担的制造费用＝100 000×0.15＝15 000（元）

乙产品负担的制造费用＝70 000×0.15＝10 500（元）

由于工资费用分配表中有现成的生产工人工资的资料，所以该种分配核算工作很简便。但是这种方法适用于各种产品生产机械化的程度应该大致相同，否则会影响费用分配的合理性。例如：机械化程度低的产品，所用工资费用多，分配的制造费用也多；反之，机械化程度高的产品，所用工资费用少，分配制造费用也较少，出现不合理情况，该种分配方法与生产工时比例法的原理基本相同。

如果生产工人工资是计时工资形式并且人工费用分配是按生产工时比例分配的，则按照生产工人工资比例分配制造费用的结果和按生产工人工时比例分配基本一样。

3. 机器工时比例法

机器工时比例法是按照各种产品所用机器设备运转时间为标准分配制造费用的一种方法。该方法的计算程序、原理与生产工时比例法基本相同。其计算公式为：

$$制造费用分配率=\frac{制造费用总额}{各种产品耗用机器工时之和}$$

某种产品应负担的制造费用＝该产品的生产耗用机器工时数×分配率

根据[例 3－24]资料，计算分配如下：

制造费用分配率＝25 500÷（1 200＋1 350）＝10

甲产品负担的制造费用 = 1 200 × 10 = 12 000(元)

乙产品负担的制造费用 = 1 350 × 10 = 13 500(元)

这种方法适用于机械化程度较高的车间，因为在这种车间中，折旧费用、修理费用的大小与机器运转的时间有密切的联系。采用这种方法，必须正确组织各种产品所耗用机器工时的记录工作，以保持工时的准确性。如果车间中机器设备的类型不一，应将机器设备分为若干类别，按照机器设备的类别归集和分配制造费用，以提高分配结果的合理性。

4. 按年度计划分配率分配法

年度计划分配率法是在年度开始前按制造费用全年预算数和全年预计产量的定额标准，确定计划分配率分配制造费用的一种方法。

其计算公式如下：

$$年度计划分配率 = \frac{年度制造费用预算数}{年度各产品计划产量的定额工时总数}$$

某月某产品应负担的制造费用 = 该月该种产品实际产量的定额工时数 × 年度计划分配率

采用这种分配方法，无论各月实际发生的制造费用多少，每月各种产品成本中的制造费用均按年度计划分配率分配。由于“制造费用”账户借方归集的是实际发生的制造费用，而贷方转出的是按计划分配率分配的制造费用，因此“制造费用”账户月末一般有余额。如果是借方余额，表示制造费用的实际发生数大于计划分配数，即表明已实际发生而尚未分配计入相关的产品成本，类似于待摊费用；如果是贷方余额，表示制造费用的实际发生数小于计划分配数，即为尚未发生而提前计入了相关产品成本，类似于预提费用。各月制造费用按计划分配率计算分配的耗费与实际发生的耗费差额，年末一次按已分配数的比例进行调整，计入12月份产品成本中。其计算公式如下：

$$年末差异分配率 = \frac{全年制造费用 - 全年按计划分配率分配的制造费用}{年度各产品按计划分配率分配的制造费用之和}$$

某产品应负担的差异 = 该种产品全年按计划分配率分配的制造费用 × 年末差异分配率

如果制造费用实际发生数大于计划分配数(借方余额)，用蓝字补足分配额；如果制造费用实际发生数小于计划分配数(贷方余额)，则用红字冲销分配额。

[例3－25] 新兴公司基本生产车间全年制造费用预算数为690 000元，全年各种产品计划产量为：甲产品5 200件，乙产品3 400件。单位产品工时定额为：甲产品4小时，乙产品2小时。假设5月份实际产量为：甲产品400件，乙产品300件，5月份实际发生的制造费用为57 300元。要求计算5月份甲、乙两种产品分别应负担的制造费用。

制造费用计划分配率 = 690 000 ÷ (5 200 × 4 + 3 400 × 2) = 25

甲产品5月份实际产量的定额工时 = 400 × 4 = 1 600(小时)

乙产品5月份实际产量的定额工时 = 300 × 2 = 600(小时)

5月份甲产品负担的制造费用 = 1 600 × 25 = 40 000(元)

5月份乙产品负担的制造费用 = 600 × 25 = 15 000(元)

根据上述分配结果，编制会计分录如下：

借：基本生产成本——甲产品　　40 000

　　　　　　　　——乙产品　　15 000

　贷：制造费用　　55 000

[例3－26] 承[例3－25]，假定该车间全年实际发生制造费用为749 760元，至年末累计已分配制造费用为710 000元，其中甲产品已分配550 000元，乙产品已分配160 000元。

年末差异分配率＝(749 760－710 000)＝0.056

甲产品应追加分配制造费用＝550 000×0.056＝30 800(元)

乙产品应追加分配制造费用＝160 000×0.056＝8 960(元)

追加分配的会计分录如下：

借：基本生产成本——甲产品　　30 800

　　　　　　　　——乙产品　　8 960

　贷：制造费用　　39 760

年末差额调整后，"制造费用"总账及其所属明细账均无余额。

采用年度计划分配率分配法，核算工作简便，各月按计划分配制造费用，不必每月等到实际制造费用资料出来再计算分配率进行分配，便于及时计算产品成本，并能均衡各期产品负担的制造费用，而且能及时反映制造费用预算数与实际数的差异，有利于分析预算执行情况。该方法最适用于季节性生产的企业车间，因为它不受淡季和旺季产量相差悬殊而使各月单位产品成本中制造费用忽高忽低的影响。但是，采用这种方法，必须要有较高的计划管理水平，否则计划分配额与实际发生额差异过大，就会影响制造费用分配的准确性。如果出现年度制造费用预算严重脱离实际，应及时调整计划分配率。

第四节　生产损失的核算

生产损失是指企业在产品生产过程中，由于计划调整、停电、待料、机器设备发生故障，以及由于生产技术和生产组织等问题而导致的各种损失。产生生产损失不仅会降低产品质量，生产成本，而且会减少产量，从而影响生产计划的完成。因此，企业必须建立健全生产责任制度，防止和减少各种生产损失，努力提高经济效益。

工业企业的生产损失按其产生的原因可分为两大类：一是废品损失；二是停工损失。以下分别说明废品损失和停工损失的核算方法。

一、废品损失的核算

(一)废品及废品损失

生产中的废品，是指不符合规定的技术标准，不能按照原定用途使用，或者需要加工修理后才能使用的在产品、半成品和产成品，包括生产过程中发现的和入库后发现的废品。废品按其修复的技术可能性和修复费用的经济合理性，可分为可修复废品和不可修复废品。可修复废品是指技术上、工艺上可以修复，而且所发生的修复费用在经济上比较合算的废品。不可修复废品是指在技术上、工艺上不能修复，或者虽可修复，但所发生的修复费用在经济上不合算的废品。

废品损失，是指由于产品废品而发生的损失。废品损失包括生产过程中发现的、入库后发现的不可修复废品的生产成本，以及可修复废品的修复费用，扣除回收的废品残料价值和应收赔款以后的净损失。但要注意：经质量检验部门鉴定不需返修可以降价出售的不合格品，其降价损失不作为废品损失，在计算损益时体现；产品入库后因保管不善而损坏变质的损失，以及实行“三包”（实行包退、包修、包换）的企业，在产品出售以后发现的废品所发生的一切损失，均不包括在废品损失内，而应计入管理费用。废品损失一般只包括发生废品造成的直接损失，至于因产生废品给企业带来的间接损失，如延误交货合同而发生的违约赔偿，减少销售量而造成的利润减少，以及产生废品造成的企业荣誉损失均不计算在废品损失内。

根据质量检验部门填制并审核后的废品损失通知单，作为进行废品损失核算的原始凭证。单独核算废品损失的企业，应设置“废品损失”科目，在成本项目中增设“废品损失”成本项目。废品损失的归集和分配，应根据废品损失计算表和分配表等有关凭证，通过“废品损失”科目进行。“废品损失”科目应按照车间设置明细账，账内按产品品种和成本项目登记废品损失的详细资料。该科目的借方归集不可修复废品的生产成本和可修复废品的修复费用。不可修复废品的生产成本，应根据不可修复废品损失计算表，借记“废品损失”科目，贷记“基本生产成本”科目，可修复废品的修复费用，应根据各种费用分配表所列废品损失数额，借记“废品损失”科目，贷记“原材料”、“应付职工薪酬”、“辅助生产成本”和“制造费用”等科目。该科目的贷方登记废品残料回收的价值、应收赔款和应由本月生产的同种合格产品成本负担的废品损失，即从“废品损失”科目贷方转出，分别借记“原材料”、“其他应收款”、“基本生产成本”等科目。经过上述归集和分配，“废品损失”科目月末无余额。

（二）不可修复废品损失的归集与分配

不可修复废品损失的核算涉及两方面内容，即不可修复废品报废损失的计算和对损失的会计处理。

为了归集和分配不可修复废品损失，首先要计算截至报废时已经发生的废品成本。其计算方法如下：

$$废品成本=\frac{应负担的}{材料费用}+\frac{应负担的}{工资费用}+\frac{应负担的}{制造费用}$$

确定废品成本后，减去残料价值即为不可修复废品报废损失。不可修复废品报废损失再减去从过失人处应收回的赔偿款，即为不可修复废品净损失。不可修复废品在未发现前是与合格产品一起投入生产，因而各项费用也是合并在一起计算的。因此，上述公式中的各项应负担的费用是采用一定的分配方法从生产总费用中分离出来的，通常有以下两种方法：一是按废品所耗实际费用计算；二是按废品所耗定额费用计算。

1. 按废品所耗实际费用计算和分配废品损失

采用这一方法，就是在废品报废时根据废品和合格品发生的全部实际费用，采用一定的分配方法，在合格品与废品之间进行分配，计算出废品的实际成本，从“基本生产成本”账户贷方转入“废品损失”账户的借方。

［例 3－27］新兴公司基本生产车间生产甲种产品 200 件，生产过程中发现其中 20 件为不可修复废品。该产品成本明细账中合格品和废品共同发生的生产费用为：原材料费用 250 000 元，直接人工费用 10 075 元，制造费用 49 400 元，合计 309 475 元。原材料是在生产开始时一次投入的，因而原材料费用应按合格品数量 180（即 200－20）和废品数量 20 件的比例进行分配；其他费用按生产工时比例分配，生产工时为：合格品 3 010 小时，废品 240 小时，合计 3 250 小时。废品回收的残料计价 300 元。

根据上述资料，应编制不可修复废品损失计算表见表 3－25。

表 3－25　　不可修复废品损失计算表(按实际成本计算)

车间名称:　　2013 年 9 月　　产品:甲产品

项目	数量/件	直接材料	生产工时	直接人工	制造费用	合计
合格品和废品生产费用	200	250 000	3 250	10 075	49 400	309 475
费用分配率		1 250		3.10	15.20	
废品生产成本	20	25 000	240	744	3 648	29 392
减:残料价值		300				300
废品损失		24 700		744	3 648	29 092

根据上列不可修复废品损失计算表，应编制会计分录如下：

(1)将废品生产成本从其所记的“基本生产成本”账户和所属明细账的贷方转出：

借:废品损失——基本生产车间——甲产品　　29 392

　贷:基本生产成本——甲产品——直接材料　　25 000

　　　　　　　　　　——直接人工　　744

　　　　　　　　　　——制造费用　　3 648

(2)回收废品残料价值：

借:原材料　　300

　贷:废品损失——基本生产车间——甲产品　　300

(3)将废品净损失 29 092 元转入同种合格品的成本，计入甲产品成本明细账“废品损失”成本：

借:基本生产成本——甲产品——废品损失　　29 092

　贷:废品损失——基本生产车间——甲产品　　29 092

如果废品是在完工后发现的，这时，单位废品负担的各项生产费用应与单位合格产品完全相同，可按合格品产量与废品产量比例分配各项生产费用，计算废品的实际成本。

按照废品的实际费用计算和分配废品损失，符合实际，但核算工作量较大。

2. 按废品所耗定额费用计算和分配废品损失

这种方法也称按定额成本计算法，是按不可修复品的数量和各种费用定额计算废品的定额成本，再将废品的定额成本扣除废品残料回收价值，计算出废品损失，而不考虑废品实际发生的费用。实际成本与定额成本的差额全部由合格品负担。

[例 3－28] 假设新兴公司金工车间验收时发现甲产品中不可修复废品 6 件，每件甲产品的费用定额为:直接材料 150 元，直接人工 45 元，制造费用 52.50 元，废品残值 675 元。根据上述资料编制“废品损失计算表”见表 3－26。

表 3－26　　不可修复废品损失计算表(按定额费用计算)

金工车间　　产品名称:甲产品　　2013 年 9 月　　废品:6 件　　单位:元

项目	直接材料	直接人工	制造费用	合计
单位产品费用定额	150	45	52.50	247.50
废品定额成本:	900	270	315	1 485
减:残值	675			675
赔款	-			-
废品损失	225	270	315	810

根据不可修复废品损失计算表，编制如下会计分录：

(1)将废品生产成本从其所记的“基本生产成本”账户和所属明细账的贷方转出：

借：废品损失——金工车间——甲产品　1 485

　贷：基本生产成本——甲产品——直接材料　900

　　——直接人工　270

　　——制造费用　315

(2)回收废品残料价值：

借：原材料　675

　贷：废品损失——金工车间——甲产品　675

(3)将废品净损失810元转入同种合格品的成本，计入甲产品成本明细账“废品损失”成本项目：

借：基本生产成本——甲产品——废品损失　810

　贷：废品损失——金工车间——甲产品　810

采用费用定额计算废品成本方法简便、计算及时，有利于控制废品损失，故应用较为广泛。此方法适用于定额成本资料较完善、准确的企业。

(三)可修复废品损失的归集与分配

可修复废品损失是指在废品修复过程中所发生的修复费用，包括为修复废品所耗用的直接材料、直接人工、制造费用等。而可修复废品返修以前发生的生产费用，在“基本生产成本”科目及有关的成本明细账中不必转出，这是因为它不是废品损失。返修时发生的各种修复费用，应根据原材料、人工费用、辅助生产费用和制造费用等分配表计入“废品损失”科目的借方，以及有关科目的贷方。如有残值回收和应收赔偿款，应抵减废品成本，即分别根据“废料交库单”和有关结算凭证，将残料价值由“废品损失”科目的贷方转入“原材料”、科目的借方，将应收赔偿款由“废品损失”科目的贷方转入“其他应收款”科目的借方；最后，将废品净损失(即修复费用减去残值和赔偿的差额)由“废品损失”科目贷方转入“基本生产成本”科目借方废品损失成本项目。不单独核算废品损失的企业，不设“废品损失”科目和“废品损失”成本项目，在回收废品残料时，计入“原材料”科目的借方和“基本生产成本”科目的贷方，并从所属有关产品明细账的“原材料”成本项目中扣除残料价值。

辅助生产一般不单独核算废品损失。

[例3-29] 新兴公司二车间生产A产品发生4件可修复废品。修复耗用甲材料1 360元，工资费用920元，应分摊制造费用400元。残料收回200元，查明原因应由责任人赔偿560元。编制会计分录如下：

(1)归集可修复废品的修复费用：

借：废品损失——二车间——A产品　2 680

　贷：原材料——甲材料　1 360

　　制造费用　400

　　应付职工薪酬——工资　920

(2)确定责任人赔款与回收残料：

借：其他应收款——××(责任人)　560

　原材料——甲材料　200

贷:废品损失——二车间——A 产品 760

(3)将废品净损失分配计入同种合格品成本中:

借:基本生产成本——A 产品——废品损失 1 920

贷:废品损失——二车间——A 产品 1 920

二、停工损失的核算

停工损失是指企业生产车间或车间内某个班组在停工期间发生的各种费用，它包括停工期间支付的生产工人工资和提取的福利费、所耗燃料和动力费用以及应负担的制造费用等。工业企业的停工分为季节性停工和非季节性停工两种。

(一)季节性生产企业停工损失的核算

季节性生产企业在停工期间所发生的费用，应由企业开工期间所生产的产品负担。因此为了全面、正确地反映停工期间的费用，合理地分配和核算生产期间产品负担的停工损失，一般可专设“停工损失”账户或在“制造费用”账户下专设“停工损失”明细账进行单独核算。

季节性生产企业在停工期间归集在“停工损失”或“制造费用”账户的费用，应分配计入开工生产的产品成本中，并在“基本生产成本”明细账中设“停工损失”成本项目核算。其费用分配常采用年度计划分配率分配法，其计算公式如下:

$$年度计划分配率=\frac{全年停工月份停工损失计划数}{全年各产品计划产量的定额工时总数}$$

开工月份某产品应负担的停工损失 = 该月该种产品实际产量的定额工时数 × 年度计划分配率

某月某种产品实际产量的定额工时 = 该月该种产品实际产量 × 单位产品工时定额

采用这种分配方法，必须有较高的计划工作水平，否则停工损失计划数脱离实际数太大，将会影响成本计算的准确性。

[例 3-30] 新兴公司为季节性生产企业，全年停工月份停工损失计划为 30 720 元，全年各种产品的计划产量为:甲产品 1 400 件，乙产品为 650 件，单位产品的工时定额为:甲产品 50 小时，乙产品 40 小时。其年度计划分配率计算如下:

甲产品年度计划产量的定额工时 = 1 400 × 50 = 70 000(小时)

乙产品年度计划产量的定额工时 = 650 × 40 = 26 00(小时)

年度计划分配率 = 30720 ÷ (70 000 + 26 000) = 0.32

假定该公司某生产月份实际产量为:甲产品 120 件，乙产品 100 件。

甲产品该月应负担的停工损失 = 120 × 50 × 0.32 = 1 920(元)

乙产品该月应负担的停工损失 = 100 × 40 × 0.32 = 1 280(元)

根据上述计算结果，做会计分录如下:

借:基本生产成本——甲产品——停工损失 1 920

——乙产品——停工损失 1 280

贷:停工损失 3 200

该企业在停工月份发生的各种停工费用，应根据有关凭证做相应账务处理:

借:停工损失 ×××

贷:应付职工薪酬 ×××

银行存款等 ×××

采用计划分配率分配法，“停工损失”账户到月末可能有借方余额或贷方余额，应在年末全部调整计入"基本生产成本"账户。

借:基本生产成本——××产品——停工损失　×××
　贷:停工损失　×××

如果实际发生停工损失小于计划分配数应用红字冲减。

(二)非季节性生产企业停工损失的核算

非季节性生产企业在生产过程中，由于电力中断、原材料供应不足、机器设备故障、自然灾害以及计划减产等原因都可能引起停工。该类企业停工损失分配的原则是:由于供货单位未执行合同、停工待料造成的损失，影响供货单位索赔;有过失人或保险公司负担的损失应向其索赔;由于自然灾害等引起的非正常停工损失，应计入"营业外支出";其余原因造成的停工损失，由开工生产的产品负担计入产品成本。

非季节性生产企业在停工期间发生的费用，如果需要单独核算的，应设置"停工损失"账户，并按车间和成本项目进行明细核算。该账户借方归集停工期间发生的停工损失;贷方反映停工损失的分配数，有过失人或保险公司负担的损失，应分配转入"其他应收款"账户的借方，有营业外支出列支的停工损失，应分配转入"营业外支出"账户的借方，由开工生产产品负担的停工损失，应分配转入"基本生产成本"账户及其明细账"停工损失"成本项目。

企业财会人员应对车间填列的"停工报告单"进行严格审核，审核报告单中所列停工范围、时数原因以及过失单位(或个人)等项目。并根据审核无误的"停工报告单"进行停工损失的归集和分配。企业生产车间停工期间所发生的各种费用，应根据有关凭证或有关费用分配表，做如下会计分录:

借:停工损失　×××
　贷:应付职工薪酬　×××
　　累计折旧　×××
　　银行存款等　×××

企业停工期间所发生的各种费用，按上述分配原则分配时，做如下会计分录:

应由有关单位或个人承担的停工损失:

借:其他应收款　×××
　贷:停工损失　×××

应由营业外支出列支的停工损失:

借:营业外支出　×××
　贷:停工损失　×××

应由开工生产的产品负担的停工损失:

借:基本生产成本——××产品——停工损失　×××
　贷:停工损失　×××

非季节性生产企业，如果能够确定其停工损失应由开工产品成本负担时，可以不设"停工损失"账户。停工期间发生的属于停工损失的各项费用，直接计入"制造费用"账户。

企业的辅助生产车间由于规模不大，为了简化核算工作，可以不单独核算停工损失。

[例3-30] 新兴公司第一基本生产车间6月份因设备正常大修停工29天，停工期间支付工人工资5 200元，应分摊制造费用2 000元;第二基本生产车间由于供电线路原因停工4天，停工期间损失材料费用4 000元，应支付工人工资5 800元，分摊制造费用1 000元，依

据上述资料，编制会计分录如下：

借:停工损失——一车间　　7 200

——二车间　　10 800

贷:原材料　　4 000

应付职工新酬 ——工资　　11 000

制造费用——一车间　　2 000

——二车间　　1 000

若第一基本生产车间只生产甲产品，停工损失7 200元全部计入甲产品成本；第二基本生产车间停工损失10 800元，供电局同意赔6 000元，净损失4 800元列作营业外支出，编制会计分录如下：

借:基本生产成本——甲产品——停工损失　　7 200

其他应收款　　6 000

营业外支出　　4 800

贷:停工损失——一车间　　7 200

——二车间　　10 800

至此，企业发生的应由本期成本和当期损益负担的各项生产费用，均计入了“基本生产成本”、“管理费用”、“销售费用”和“财务费用”等账户。对于管理费用、销售费用和财务费用等期间费用，应于期末转入“本年利润”账户，以便确定本期损益。对于已计入本期“基本生产成本”账户的各项生产费用，仍需要继续分配，以便确定本期完工产品的制造成本。

第五节　生产费用在完工产品与在产品之间分配的核算

一、在产品数量的核算

工业企业在生产过程中发生的各种耗费经过归集、分配，都已经按成本项目集中反映在“基本生产成本”科目及其所属明细账中。月末，生产车间生产的产品完工情况有三种，第一，在本期全部完工没有在产品的情况下，计入该成本计算对象的全部生产费用，即为完工产品的总成本。第二，本期产品全部未完工，计入该成本计算对象的全部生产费用，即为月末在产品成本。第三，在实际工作过程中，更多的情况是月末生产车间既有完工产品，也有在产品，那么本期负担的生产费用即月初结存在产品成本加上本月发生的生产费用，要在完工产品和月末在产品之间，采用适当的方法，进行生产费用的分配和归集，以计算完工产品和月末在产品成本。月初在产品、本月生产费用、本月完工产品成本和月末在产品成本四者之间的关系，如公式所示：

月初在产品成本＋本月生产费用＝完工产品成本＋月末在产品成本

在公式前两项已知的情况下，在完工产品和月末在产品之间分配费用的方法通常有两类：

一是先确定月末在产品成本，再计算完工产品成本，如公式所示：

本月完工产品成本＝月初在产品成本＋本月生产费用－月末在产品成本

二是完工产品成本与在产品成本同时确定，也就是将本月生产费用与月初在产品费用之和按一定比例在完工产品与月末在产品之间进行分配，同时，计算出完工产品成本与月末在产品成本。但不论采用哪种方法，都必须取得在产品数量的核算资料，在产品数量是核算在产品成本的基础。

（一）在产品概念

在产品是指企业已经投入生产，但尚未最后完工，不能作为商品销售的产品。在产品有广义在产品和狭义在产品之分。广义在产品是从整个企业而言，它是指没有完成全部生产过程，不能作为商品销售的产品。包括正在各个生产单位加工的在制品和已完成一个或多个生产步骤，但尚未最终完工而需要继续加工的自制半成品，以及等待验收入库的产品、正在返修或等待返修的废品等。狭义在产品是就企业的某一生产单位或某一生产步骤而言，尚未加工或装配完成的在产品，不包括该生产单位或生产步骤已经完工转出的自制半成品。在产品完成全部生产过程、验收合格入库以后，就称为完工产品。

要正确计算月末在产品成本，就必须加强在产品的实物管理，组织好在产品数量的核算。

而工业企业在产品品种规格多，又处于不断流动之中，在产品数量的日常核算是一个比较复杂的问题。对在产品数量的核算主要包括在产品的收发结存的日常核算和在产品的清查两项工作。

（二）在产品收发结存的日常核算

为进行在产品的收发结存的日常核算，要求企业必须设置“在产品收发结存账簿”，这种账簿也称“在产品台账”，通过在产品台账的登记，反映在产品的数量。在产品台账应当分生产单位（分厂、车间），按产品的品种和零部件的名称来设置，以反映各生产单位各种在产品的收入、发出和结存数量的情况。根据生产工艺特点和管理的需要，必要时还需进一步按照加工工序组织在产品的数量核算。在产品在车间之间或车间内部的转移，应认真做好计量验收的交接工作。在此基础上，根据领料凭证、在产品内部转移凭证、产品检验凭证和产品交库凭证，及时登记在产品台账，该账可由车间核算人员登记，也可以由各班组的核算员登记。“在产品台账”的格式见表3－27。

表3－27　在产品台账

在产品名称牛头刨底座　　车间：二车间　　单位：件

日期		摘要	收入		发出			结存	
月	日		凭证号	数量	凭证号	数量	废品	完工	未完工
6	1	上月结转							90
	5	上步结转	603	300					390
	10	完工交出			625	90			300
	…								
	30	合计		1500		1200	10		290

“在产品台账”应当根据有关领料凭证、在产品内部转移凭证、在产品检验凭证和产品交库单等原始凭证逐笔登记。生产单位的核算人员应对“在产品台账”的登记情况进行审核和汇总。“在产品台账”的设置，使企业可以从账面上随时掌握在产品的动态；在产品结存数与实际结存数核对以后，又可以为计算月末在产品成本提供资料。由于在产品品种多、数量大，

每月组织在产品数量的盘点核对有困难时，可以直接根据“在产品台账”提供的月末在产品结存数量来计算月末在产品成本。

(三)在产品清查及清查结果的账务处理

在产品的管理和企业的其他资产一样，要定期或不定期进行清查，对在产品的盘盈、盘亏及时进行账务处理，要做到在产品账实相符，以保护在产品的安全和完整。

在产品的清查采用实地盘点法，根据清查结果，编制“在产品盘点盈亏报告表”，如实登记在产品的账存数、实存数、盘盈、盘亏和毁损数以及盈亏原因。企业财会部门对“在产品盘点盈亏报告表”认真审核，按照企业内部财务会计制度规定的审批程序，报送有关部门和领导审核，并及时做出账务处理。

为了全面反映在产品盘盈、盘亏和毁损在产品的生产成本，应设置“待处理财产损溢”账户。盘亏和毁损在产品价值登记在其借方，盘盈在产品价值登记在其贷方，盘盈、盘亏、毁损在产品经过批准转销后，该账户应无余额。

发生在产品盘盈时，应借记“基本生产成本”科目及其有关的明细科目，贷记“待处理财产损溢”科目；按照规定核销时，则借记“待处理财产损溢”科目，贷记“制造费用”科目。

发生在产品盘亏和毁损时，应借记“待处理财产损溢”科目，贷记“基本生产成本”科目(冲减短缺在产品的账面价值)，按规定核销时，应根据不同情况处理：应由过失人或者保险公司赔偿的部分借记“其他应收款”科目，扣除过失人或者保险公司赔款和回收的残料价值以后的损失借记“制造费用”科目，由于非常损失造成的毁损，扣除保险公司赔款和回收的残料价值以后的损失借记“营业外支出”科目；同时，贷记“待处理财产损溢”科目。

盘点的结果，应填制“在产品盘点表”，并与在产品台账核对。具体处理程序和方法如下：

1. 盘盈的会计处理

(1)发生盘盈时

借：基本生产成本——××产品

　　贷：待处理财产损溢——待处理流动资产损溢

(2)批准后转销时

借：待处理财产损溢——待处理流动资产损溢

　　贷：制造费用

2. 盘亏及毁损时

(1)发生盘亏及毁损时

借：待处理财产损溢——待处理流动资产损溢

　　贷：基本生产成本——××产品

需说明的是，在产品盘亏、毁损要换算应负担的增值税，其增值税也应计入“待处理财产损溢”，即借记“待处理财产损溢”账户，贷记“应交税费——应交增值税(进项税额转出)”账户。

(2)批准后转销时，应区别不同情况处理：

收回残料时：

借：原材料(毁损在产品收回的残值)

　　贷：待处理财产损溢——待处理流动资产损溢

过失人赔偿时：

借：其他应收款（应收过失人或保险公司赔偿的损失）

　　贷：待处理财产损溢——待处理流动资产损溢

因意外自然灾害或无法索赔的损失：

借：营业外支出（非常损失的净损失）

　　贷：待处理财产损溢——待处理流动资产损溢

无法收回的其他原因损失：

借：制造费用（无法收回的损失）

　　贷：待处理财产损溢——待处理流动资产损溢

二、生产费用在完工产品与在产品之间分配的方法

生产费用在完工产品和在产品之间的分配是成本核算的一个重要步骤。在产品规格繁多、数量较大、完工程度不一样的企业，这一成本核算步骤是一个比较复杂的问题。企业应根据在产品数量的多少，各月月末在产品数量的变化、各项费用比重的大小以及企业成本定额管理基础工作等的具体条件，选择既合理又简便的分配方法。生产费用在完工产品和在产品之间分配的常用方法主要有：约当产量比例法、定额成本法和定额比例法等。

（一）约当产量比例法

约当产量是指在产品数量按照其完工程度折合成完工产品的数量。比如，在产品 100 件，平均完工 80%，则约当完工产品 80 件。

约当产量比例法是将月末在产品数量按照完工程度折算为约当产量，然后按照完工产品的产量和月末在产品约当产量的比例，分配计算完工产品成本和月末在产品成本的一种方法。这种方法适用于月末在产品数量较大、各月末在产品数量变动较大、产品成本中直接材料费用和直接人工费用及制造费用的比重相差不大的产品。

采用约当产量法来分配生产费用，是按成本项目进行的。有关计算公式为：

$$\text{某项费用分配率} = \frac{\text{月初在产品成本} + \text{本月发生的生产费用}}{\text{本月完工产品数量} + \text{月末在产品约当产量}}$$

月末在产品约当产量 = 在产品数量 × 在产品完工程度（投料程度）

完工产品应分配该项费用 = 完工产品的产量 × 该项费用分配率

月末在产品应分配该项费用 = 在产品约当产量 × 该项费用分配率

或：= 该项费用合计 − 完工产品该项费用

采用约当产量法分配生产费用，关键是正确计算在产品的约当产量，约当产量的正确与否取决于在产品的完工程度或投料程度。

在生产过程中，随着生产的进行和产品的形成，耗用于产品的各项费用也逐渐增加。产品所耗用的原材料费用的多少与产品的投料方式和投料程度成比例关系，而产品所耗用的人工费用和制造费用的多少则与产品的加工程度成比例关系。因此，要分成本项目计算在产品的约当产量，直接材料费用分配率所依据的在产品的约当产量，应按在产品的投料程度来确定；直接人工费用、制造费用的分配率所依据的在产品的约当产量，应按在产品的完工程度来确定。

下面按成本项目说明在产品完工程度和投料程度的确认方法。

1. 用以分配“直接材料费用”的在产品的投料程度和约当产量的计算

分配直接材料费用时，在产品的约当产量按在产品的投料程度确定。分配直接材料费用时，企业月末应根据“在产品收发结存明细账”或实地盘点的结果，确定在产品的数量，并根据投料程度确定在产品的约当产量。

月末在产品的约当产量 = 月末在产品的数量 × 在产品投料程度

在产品投料程度是指在产品已投入材料（通常用各工序材料的消耗定额）占完工产品应投入材料（通常用完工产品材料的消耗定额）的百分比，也叫做投料百分比或投料率。投料程度用于分配直接材料费用。在实际工作中，不同的投料方式在产品的投料程度也不同，应分别采用不同方法进行计算，其确定的方法主要有以下几种：

（1）原材料在生产开始时一次投入。当某种原材料在生产开始时一次投入，投料率则为100%，即不论哪一道工序的在产品，其所耗的材料均和完工产品相同。因此，在这种情况下，用以分配直接材料费用的在产品的约当产量即为在产品的实际数量。原材料费用可按照完工产品数量和月末在产品的实际数量的比例分配。

［例3－31］新兴公司本月完工甲产品400件，月末在产品200件，原材料在生产开始时一次性投入。月初和本月发生直接材料合计60 000元，用约当产量法分配计算完工产品和在产品应负担的材料费用。

具体计算如下：

原材料的投料程度为100%。

材料费用分配率 = 60 000 ÷（400 + 200）= 100（元/件）

完工产品应分配的材料费用 = 400 × 100 = 40 000（元）

月末在产品应分配的材料费用 = 100 × 200 = 20 000（元）

或： = 60 000 － 40 000 = 20 000（元）

（2）原材料分工序一次投入。由于各道工序所耗的原材料是在本工序开始时一次投入，同一工序内所有产品不论其是否完工，所耗用的原材料数量是相同的，因而在确定各工序在产品投料程度时，对于本工序材料消耗定额（或累计材料费用定额），原材料的投料程度均为100%。最后一道工序所有在产品的材料消耗定额（或累计材料费用定额），均为该种完工产品的材料消耗定额（或累计材料费用定额）。则月末各工序在产品的投料程度计算公式如下：

$$\text{某工序在产品投料程度} = \frac{\text{以前各道工序材料消耗定额之和} + \text{本工序材料消耗定额}}{\text{完工产品材料消耗定额}} \times 100\%$$

［例3－32］新兴公司甲产品经过三道工序加工完成，原材料于每道工序开始时一次投入。月末每道工序的在产品数量及原材料消耗情况如下表3－28所示：

要求：计算各工序在产品的投料程度及月末在产品直接材料成本项目的约当产量。

表3－28　**在产品数量和原材料的消耗定额**

工序	月末在产品数量/件	单位产品原材料消耗定额/千克
1	100	40
2	300	60
3	200	100
合计	600	200

月末在产品直接材料的投料程度和约当产量计算如下：

表 3－29　　在产品数量和原材料的消耗定额

工序	月末在产品数量/件	单位产品原材料消耗定额/千克	投料程度	在产品约当产量/件
1	100	40	40 ÷ 200 × 100% ＝20%	20
2	300	60	(40＋60) ÷ 200 × 100% ＝50%	150
3	200	100	(40＋60＋100) ÷ 200 × 100% ＝100%	200
合计	600	200	370	

第一道工序在产品投料程度＝40÷200×100%＝20%

第二道工序在产品投料程度＝(40＋60)÷200×100%＝50%

第三道工序在产品投料程度＝(40＋60＋100)÷200×100%＝100%

第一道工序在产品约当产量＝100×20%＝20

第二道工序在产品约当产量＝300×50%＝150

第三道工序在产品约当产量＝200×100%＝200

在产品约当产量＝20＋150＋200＝370

(3) 原材料分工序陆续投入。原材料在各工序随加工步骤陆续投入，可根据各工序在产品的累计材料消耗定额(或累计材料费用定额)占完工产品材料消耗定额(或累计材料费用定额)的比率，确定各工序在产品的投料程度。计算公式如下：

$$某工序在产品投料程度=\frac{以前各工序材料定额之和+本工序材料定额\ \times 50\%}{完工产品材料定额}\times 100\%$$

[例 3－33] 新兴公司生产的甲产品经三个工序完工。原材料分工序陆续投入，各工序所需材料定额及在产品数量资料同[例 3－32]。

要求：计算各工序在产品的投料程度和月末在产品直接材料成本项目的约当产量。

月末在产品直接材料约当产量计算如下：

表 3－30　　在产品投料程度和约当产量计算表

工序	月末在产品数量/件	单位产品原材料消耗定额/千克	投料程度	在产品约当产量/件
1	100	40	(40 × 50%) ÷ 200 × 100% ＝10%	10
2	300	60	(40＋60 × 50%) ÷ 200 × 100% ＝35%	105
3	200	100	(40＋60＋100 × 50%) ÷ 200 × 100% ＝75%	150
合计	600	200	265	

第一道工序在产品投料程度＝(40×50%)÷200×100%＝10%

第二道工序在产品投料程度 = (40 + 60 × 50%) ÷ 200 × 100% = 35%

第三道工序在产品投料程度 = (40 + 60 + 100 × 50%) ÷ 200 × 100% = 75%

第一道工序在产品约当产量 = 100 × 10% = 10

第二道工序在产品约当产量 = 300 × 35% = 105

第三道工序在产品约当产量 = 200 × 75% = 150

在产品约当产量 = 10 + 105 + 150 = 265

课堂练习 3－10：

1. 目的：练习投料程度和在产品约当产量的计算。

2. 资料：

新兴公司生产的 B 产品分三道工序制成，各工序的原材料消耗定额为：第一道工序 200 千克，第二道工序 100 千克，第三道工序 200 千克。在产品的数量为：第一道工序 150 件，第二道工序 200 件，第三道工序 250 件。

3. 要求：

(1) 假设该产品原材料分工序一次投入，依照上述资料，计算各工序在产品的投料程度和约当产量。

(2) 假设该产品原材料分工序陆续投入，依照上述资料，计算各工序在产品的投料程度和约当产量。

2. 用以分配直接人工、制造费用等其他成本项目，在产品的完工程度和约当产量的计算

在产品约当产量 = 在产品实际数量 × 在产品完工程度

对于直接材料费用以外的成本项目，如直接人工、制造费用等其他成本项目，通常按完工程度来计算在产品的约当产量。因为这些费用的发生与完工程度关系密切，它们随着生产过程的进行而逐步投入，产品的加工程度越高，所消耗的工时越多，所应负担的这部分费用就越多。完工程度是指根据截止到某一工序为止在产品实耗工时（或定额工时）占完工产品实耗工时（或定额工时）的百分比。

测定在产品的完工程度，其方法一般有两种：

1. 平均计算加工程度，即一律按 50% 作为各工序在产品的完工程度。这是在各工序的在产品数量和单位产品在各工序的加工量都比较均衡时，后面各工序在产品多加工程度可以抵补前面各工序少加工的程度，这样，全部在产品的加工百分比均可按 50% 平均计算。

2. 各工序分别测定完工程度，如果分布在各工序的在产品数量和加工量相差较大时，就应分工序计算确定加工百分比。即按照各工序的累计工时定额占完工产品工时定额的比率计算，各工序在产品完工程度计算公式如下：

$$\text{某工序在产品完工程度} = \frac{\text{以前各工序工时定额之和} + \text{本工序工时定额} \times 50\%}{\text{完工产品工时定额}} \times 100\%$$

在上列公式中，本工序（即在产品所在工序）的工时定额乘以 50%，是因为该工序中各件在产品的加工程度也不同，为了简化测算工作，都按平均完工 50% 计算。在产品从上道工序转入下一道工序时，其上一道工序已经完工，因而前面各道工序的工时定额应按 100% 计算。

[例 3－34] 假定新兴公司生产的甲产品经三个工序完工。各工序工时定额资料见表 3－31。

要求：计算各工序在产品的完工程度和月末在产品的约当产量。

表 3－31　在产品数量和各工序的工时定额

工序	月末在产品数量/件	各工序工时定额/小时
1	100	30
2	300	20
3	200	50
合计	600	100

月末用以分配直接人工、制造费用的在产品完工程度和约当产量计算如下：

表 3－32　在产品完工程度和约当产量计算表

工序	月末在产品数量/件	各工序工时定额/小时	投料程度	在产品约当产量/件
1	100	30	(30×50%)÷100×100%＝15%	15
2	300	20	(30＋20×50%)÷100×100%＝40%	120
3	200	50	(20＋30＋50×50%)÷100×100%＝75%	150
合计	600	100	285	

表 3－32 中各工序完工程度及约当产量的计算如下：

第一道工序在产品完工程度＝(30×50%)÷100×100%＝15%

第二道工序在产品完工程度＝(30＋20×50%)÷100×100%＝40%

第三道工序在产品完工程度＝(20＋30＋50×50%)÷100×100%＝75%

第一道工序在产品约当产量＝100×15%＝15

第二道工序在产品约当产量＝300×40%＝120

第三道工序在产品约当产量＝200×75%＝150

在产品约当产量＝15＋120＋150＝285

课堂练习 3－11：

1. 目的：练习在产品完工程度和在产品约当产量的计算。

2. 资料：

新兴公司生产的 A 产品分三道工序制成，各工序的工时定额为：第一道工序 100 小时，第二道工序 20 小时，第三道工序 80 小时。在产品的数量为：第一道工序 1 000 件，第二道工序 1 200 件，第三道工序 1 500 件。

3. 要求：

依照上述资料，计算各工序在产品的完工程度和约当产量。

[例 3－35] 假定新兴公司生产的乙产品要经过两道工序完工。原材料分工序一次投入，本月份完工产品产量为 400 件，月末在产品 100 件，本月有关的生产费用和在产品结存于各工序的数量及定额资料如表 3－33 和表 3－34 所示。

表 3－33

本月有关生产费用

产品名称：乙产品　　2013 年 10 月　　单位：元

摘要	直接材料	直接人工	制造费用	合计
月末在产品成本	2 000	1 000	1 700	4 700
本月发生生产费用	3 000	3 000	1 300	7 300
生产费用合计	5 000	4 000	3 000	12 000

表 3－34

在产品结存于各工序的数量和定额资料

工序	月末在产品数量/件	材料消耗定额/千克	工时定额/小时
1	30	120	20
2	70	80	30
合计	100	200	50

要求：采用约当产量法计算完工产品与月末在产品的成本。

根据上述资料，具体计算程序如下：

（1）计算各工序在产品的投料程度及月末在产品直接材料成本项目的约当产量。

表 3－35

在产品投料程度和约当产量计算表

工序	月末在产品数量/件	单位产品原材料消耗定额/千克	投料程度	在产品约当产量/件
1	30	120	120 ÷ 200 × 100% ＝60%	18
2	70	80	（120 ＋80）÷200 × 100% ＝100%	70
合计	100	200	88	

（2）计算各工序在产品的完工程度及末在产品直接人工、制造费用成本项目的约当产量。

表 3－36

在产品完工程度和约当产量计算表

工序	月末在产品数量/件	各工序工时定额/小时	投料程度	在产品约当产量/件
1	30	20	（20 ×50%）÷50 ×100% ＝20%	6
2	70	30	（20 ＋30 ×50%）÷50 ×100% ＝70%	49
合计	100	50	55	

（3）计算直接材料、直接人工和制造费用成本项目的分配率和完工产品与月末在产品的成本。

表 3－37

基本生产成本明细账

产品名称：乙产品　　产量：400 件　　2013 年 10 月　　单位：元

摘　要	直接材料	直接人工	制造费用	合　计
月初在产品成本	2 000	1 000	1 700	4 700
本月发生生产费用	3 000	3 000	1 300	7 300
生产费用合计	5 000	4 000	3 000	12 000

续表

月末在产品数量	100	100	100	–
月末在产品约当产量	88	55	55	–
月末完工产品数量	400	400	400	–
约当生产总量	488	455	455	–
完工产品总成本	4 100	3 516	2 636	10 252
完工产品单位成本	10.25	8.79	6.59	25.63
月末在产品成本	900	484	364	1 748

直接材料费用的分配。直接材料费用在完工产品与在产品之间的分配如下：

直接材料费用单位成本(分配率)=5 000÷(400+88)=10.25(元/件)

完工产品应分摊的直接材料费用=10.25×400=4 100(元)

月末在产品应分摊的直接材料费用=5 000-4 100=900(元)

直接人工费用的分配。直接人工费用在完工产品与在产品之间分配如下：

直接人工费用单位成本(分配率)=4 000÷(400+55)=8.79(元/件)

完工产品应分摊的直接人工费用=8.79×400=3 516(元)

月末在产品应分摊的直接人工费用=4 000-3 516=484(元)

制造费用的分配。制造费用在完工产品与在产品之间分配如下：

制造费用单位成本(分配率)=3 000÷(400+55)=6.59(元/件)

完工产品应分摊的制造费用=6.59×400=2 636(元)

月末在产品应分摊的直接人工费用=3 000-2 636=364(元)

根据上述计算，据此编制完工产品入库的会计分录为：

借:库存商品——乙产品　　　　10 252

　贷:基本生产成本——乙产品　　　　10 252

课堂练习3-12：

1.目的:练习约当产量法的应用。

2.资料：

新兴公司生产的A产品本月完工验收入库数量为2 000件，月末在产品数量为800件，在产品的完工程度为50%，材料系生产开始时一次投入。A产品生产成本明细账归集的生产费用表明，月初在产品成本为400 000元，其中直接材料200 000元，直接人工144 000元，制造费用56 000元。A产品本月发生的生产费用为3 500 000元，其中直接材料2 500 000元，直接人工400 000元，制造费用600 000元。

3.要求：

依照上述资料，采用约当产量法计算A产品月末在产品成本和本月完工产品成本，并编制结转本月完工入库产品成本的会计分录。

(二)定额成本法

定额成本法又称在产品按定额成本计价法，是指根据月末在产品实际结存数量和单位定额成本，计算出月末在产品的定额成本，以在产品定额成本代替在产品的实际成本，对月末在产品进行计价的方法。采用这种方法时，月初在产品定额成本与本月发生的生产费用之和，减去按定额成本计算的在产品成本，即完工产品的成本。

在产品按定额成本计价法的计算公式如下：

某产品月末在产品定额成本 = 月末在产品数量 × 在产品单位定额成本

在产品单位定额成本 = 在产品定额材料成本 + 在产品定额人工成本 + 在产品定额制造费用

完工产品成本 = 月初在产品定额成本 + 本月生产费用 − 月末在产品定额成本

这种方法的基本特点是：在产品只按定额成本计算，月末在产品的实际成本与定额成本之间的差额由本期完工产品负担。

这种方法适用于定额管理基础较好，各项消耗定额和费用定额制定的比较准确、稳定，各月在产品数量变化不大的产品。因为如果产品各项定额准确，月初和月末单位在产品实际费用脱离定额的差异就不会大；各月末在产品数量变化不大，月初在产品费用总额脱离月末在产品定额费用的总额差异也就不会大。所以，月末在产品成本不计算成本差异，对完工产品成本影响不大。

采用定额成本法的关键在于计算月末在产品的定额成本，月末在产品的定额成本的计算一般是分成本项目进行的。其中直接材料项目可根据在产品数量和单位在产品材料定额成本计算，其他成本项目可根据在产品累计工时定额和每一工时定额的费用额来计算。具体计算步骤如下：

1. 确定月末在产品材料定额成本

月末在产品定额材料成本的确定，由于材料的投料方式不同，计算方法也不一样。

(1) 原材料为生产开始时一次投入，则月末在产品定额原材料成本计算方法为：

月末在产品定额原材料成本 = Σ(每道工序在产品数量 × 单位产品材料费用定额)

(2) 原材料为分工序投入，则月末在产品定额原材料成本计算方法为：

月末在产品定额原材料成本 = Σ(某工序累计原材料费用定额 × 该工序在产品数量)

①原材料分工序一次投入，则某工序累计材料费用定额按下列方法计算：

某工序累计原材料费用定额 = 前道工序累计原材料费用定额 + 本工序原材料费用定额

②原材料分工序陆续投入，则某工序累计材料费用定额按下列方法计算：

某工序累计原材料费用定额 = 前道工序累计原材料费用定额 + 本工序原材料费用定额 × 50%

2. 确定月末在产品定额工时

确定月末在产品定额工时，要根据各工序结存的在产品数量和累计工时定额来计算。公式为：

月末在产品定额工时 = Σ(某工序累计工时定额 × 该工序在产品数量)

其中，某工序累计工时定额 = 前道工序累计工时定额 + 本工序工时定额 × 50%

3. 确定月末在产品定额人工成本和定额制造费用成本

(1) 计算月末在产品的定额工资成本

月末在产品定额工资成本 = 月末在产品定额工时 × 每小时工资定额

(2) 计算月末在产品定额制造费用成本

月末在产品定额制造费用成本 = 月末在产品定额工时 × 每小时制造费用定额

4. 计算月末在产品定额成本

月末在产品定额成本 = 月末在产品定额材料成本 + 月末在产品定额人工成本 + 月末在产品定额制造费用成本

下面举例说明月末在产品定额成本计算和生产费用分配。

[例 3-36] 假定新兴公司生产的丙产品要经过两道工序完工。原材料生产开始时一次投入，本月份完工丙产品 500 件，单位丙产品原材料费用定额资料为 100 元，每小时的人工定额为 10 元，每小时的制造费用定额为 5 元。本月有关丙产品的生产费用和在产品结存于各工序的数量及定额资料如表 3-38 和表 3-39 所示。

表 3-38　　本月有关生产费用

产品名称:丙产品　　2013 年 10 月　　单位:元

摘要	直接材料	直接人工	制造费用	合计
月末在产品成本	2 000	1 000	5 000	8 000
本月发生生产费用	67 000	30 000	15 000	112 000
生产费用合计	69 000	31 000	20 000	120 000

表 3-39　　在产品结存于各工序的数量和定额资料

工序	月末在产品数量/件	材料消耗定额/千克	工时定额/小时
1	80	100	20
2	20	–	30
合计	100	100	50

要求:采用定额成本法计算丙产品完工产品与月末在产品的成本。

(1)根据上述资料计算丙产品月末在产品定额成本，见表 3-40。

表 3-40　　丙产品月末在产品定额成本计算表

工序	在产品数量/件	直接材料定额成本/元	在产品定额工时/小时	直接人工定额成本/元	制造费用定额成本/元	定额成本合计/元
1	80	8 000	800	8 000	4 000	20 000
2	20	2 000	700	7 000	3 500	12 500
合计	100	10 000	1 500	15 000	7 500	32 500

表 3-40 中在产品直接材料定额成本计算如下:

第一道工序在产品直接材料定额成本 = 80 × 100 = 8 000(元)

第二道工序在产品直接材料定额成本 = 20 × 100 = 2 000(元)

在产品直接材料定额成本 = 8 000 + 2 000 = 10 000(元)

表 3-40 中在产品定额工时计算如下:

第一道工序单位在产品工时定额 = 20 × 50% = 10(小时)

第一道工序在产品定额工时 = 80 × 10 = 800(小时)

第二道工序单位在产品工时定额 = 20 + 30 × 50% = 35(小时)

第二道工序在产品定额工时 = 20 × 35 = 700(小时)

表 3-40 中在产品直接人工定额成本计算如下:

第一道工序在产品直接人工定额成本 = 800 × 10 = 8 000(元)

第二道工序在产品直接人工定额成本 = 700 × 10 = 7 000(元)

在产品直接人工定额成本 = 8 000 + 7 000 = 15 000(元)

表 3 - 40 中在产品制造费用定额成本计算如下:

第一道工序在产品制造费用定额成本 = 800 × 5 = 4 000(元)

第二道工序在产品直接人工定额成本 = 700 × 5 = 3 500(元)

在产品制造费用定额成本 = 4 000 + 3 500 = 7 500(元)

表 3 - 40 中在产品定额成本计算如下:

第一道工序在产品定额成本 = 8 000 + 8 000 + 4 000 = 20 000(元)

第二道工序在产品定额成本 = 2 000 + 7 000 + 3 500 = 12 500(元)

月末在产品定额成本 = 20 000 + 12 500 = 32 500(元)

或 = 10 000 + 15 000 + 7 500 = 32 500(元)

(2)根据上列有关月末在产品定额成本资料，编制丙产品生产成本分配表，见表 3 - 41。

表 3 - 41　　基本生产成本明细账

产品名称:丙产品　　2013 年 10 月　　单位:元

摘　要	直接材料	直接人工	制造费用	合　计
月初在产品成本	2 000	1 000	5 000	8 000
本月发生生产费用	67 000	30 000	15 000	112 000
生产费用合计	69 000	31 000	20 000	120 000
月末在产品定额成本	10 000	15 000	7 500	32 500
完工产品总成本	59 000	16 000	12 500	87 500
完工产品单位成本	118	32	25	175

课堂练习 3 - 13:

1. 目的:练习用定额成本法计算完工产品成本和在产品成本。

2. 资料:

新兴公司生产的 C 产品，本月完工验收入库数量为 100 件，月末在产品数量为 20 件，在产品的完工程度为 50%，材料系生产开始时一次投入。单位产品定额成本为:直接材料 50 元/件，直接人工 8 元/小时，制造费用 3 元/小时，单位产品工时定额为 20 小时/件。C 产品生产成本明细账归集的生产费用表明，月初在产品和本月发生的生产费用合计为:直接材料 36 000 元，直接人工 2 100 元，制造费用 5 000 元。

3. 要求:

依照上述资料，采用定额成本法计算 C 产品月末在产品成本和本月完工产品成本，并编制结转本月完工入库产品成本的会计分录。

(三)定额比例法

定额比例法就是将生产费用按照完工产品与月末在产品定额消耗量或定额费用的比例进行分配的方法。通常情况下原材料费用的分配，按原材料的定额消耗量或定额费用的比例分配;直接人工、制造费用等加工费用的分配，可以按各项定额费用的比例分配，也可按定额工时比例分配。由于直接人工、制造费用等加工费用的定额费用一般根据定额工时乘以每小时的各该费用定额计算，因而这些费用一般按定额工时比例分配，以简化费用的计算工作。该方法适合于企业定额管理基础较好，各项消耗定额或定额成本比较正确、稳定，且各月月末在产品结存数量变动较大的产品，采用定额比例法时，其有关分配计算公式如下。

1. 直接材料费用的分配公式

公式一：

定额消耗量 = 产品产量 × 单位产品消耗定额

定额费用 = 产品产量 × 单位产品费用定额

= 产品产量 × 单位产品消耗定额 × 材料单价

= 定额消耗量 × 材料单价

定额工时 = 产品产量 × 单位产品工时定额

$$直接材料费用分配率 = \frac{月初在产品实际原材料费用 + 本月实际发生的原材料费用}{完工产品原材料定额消耗量 + 月末在产品原材料定额消耗量}$$

完工产品应分配直接材料费用 = 完工产品原材料定额消耗量 × 直接材料费用分配率

月末在产品应分配直接材料费用 = 月末在产品材料定额消耗量 × 直接材料费用分配率

或 = 月初在产品材料费用 + 本月发生的材料费用 − 完工产品应分配直接材料费用

公式二：

$$直接材料费用分配率 = \frac{月初在产品实际原材料费用 + 本月实际发生的原材料费用}{完工产品定额原材料费用 + 月末在产品定额原材料费用}$$

完工产品应分配直接材料费用 = 完工产品定额原材料费用 × 直接材料费用分配率

月末在产品应分配直接材料费用 = 月末在产品定额原材料费用 × 直接材料费用分配率

或 = 月初在产品材料费用 + 本月发生的材料费用 − 完工产品应分配直接材料费用

2. 分配加工费用时：

$$加工费用分配率 = \frac{月初在产品实际加工费用 + 本月发生实际加工费用}{完工产品定额工时 + 月末在产品定额工时}$$

完工产品实际加工费用 = 完工产品定额工时 × 加工费用分配率

月末在产品实际加工费用 = 月末在产品定额工时 × 加工费用分配率

或 = 月初在产品实际加工费用 + 本月实际加工费用 − 完工产品实际加工费用

[例 3－37] 新兴公司 11 月份生产 A 产品，投产 2 000 件，月末完工产品 1 800 件，月末在产品 200 件。月初在产品的实际费用：直接材料费用 76 000 元，直接人工费用 8 400 元，制造费用 6 500 元，本月发生费用：直接材料费用 100 000 元，直接人工费用 25 000 元，制造费用 10 000 元，月末在产品投料程度为 80%，加工程度为 40%，完工产品直接材料消耗定额为 30 千克，工时定额为 8 小时。根据上述资料，采用定额比例分配法计算完工产品和在产品的费用。

1. 用定额耗用量比例分配直接材料费用：

完工产品直接材料定额耗用量 = 1 800 × 30 = 54 000（千克）

月末在产品直接材料定额耗用量 = 200 × 80% × 30 = 4 800（千克）

直接材料分配率 = (76 000 + 100 000)/(54 000 + 4 800) = 2.99（元/千克）

完工产品直接材料成本 = 2.99 × 54 000 = 161 460（元）

月末在产品直接材料成本 = 76 000 + 100 000 − 161 460 = 14 540（元）

2. 用定额工时比例分配直接人工费用：

完工产品定额工时 = 1 800 × 8 = 14 400（小时）

月末在产品定额工时 = 200 × 40% × 8 = 640（小时）

直接人工费用分配率 = (8 400 + 25 000)/(14 400 + 640) = 2.22（元/小时）

完工产品直接人工成本 = 14 400 × 2.22 = 31 968（元）

月末在产品直接人工成本 = 8 400 + 25 000 − 31 968 = 1 432（元）

3. 用定额工时比例分配制造费用：

制造费用分配率 = (6 500 + 10 000)/(14 400 + 640) = 1.10（元/小时）

完工产品制造费用成本 = 14 400 × 1.10 = 15 840（元）

月末在产品制造费用成本 = 6 500 + 10 000 − 15 840 = 660（元）

4. 在产品和完工产品的生产成本

完工产品的生产成本 = 16 460 + 31 968 + 15 840 = 209 268（元）

在产品的生产成本 = 14 540 + 1 432 + 660 = 16 632（元）

根据计算结果编制月末在产品与完工产品费用分配表，见表 3 − 42。

表 3 − 42　　月末在产品与完工产品费用分配表

产品：A 产品　　2013 年 11 月　　**完工产量：1 800 件**　　**在产品：200 件**

摘要	直接材料	直接人工	制造费用	合计
月初在产品成本	76 000	8 400	6 500	90 900
本月生产费用	100 000	25 000	10 000	135 000
生产费用合计	176 000	33 400	16 500	225 900
费用分配率	2.99	2.22	1.10	−
完工产品成本	161 460	31 968	15 840	209 268
在产品成本	14 540	1 432	660	16 632

按照上述公式计算完工产品的成本和月末在产品的成本，必须取得完工产品和月末在产品的定额资料。完工产品和月末在产品的定额消耗量、定额费用和定额工时，是根据完工产品和月末在产品的实际产量乘以单位产品消耗定额、费用定额和工时定额计算的。在月末在产品的种类、生产工序繁多的情况下，月末在产品的定额资料计算的工作量极大。因此月末在产品的定额资料可以采用倒挤法推算。具体计算公式如下：

月末在产品原材料定额消耗量 = 月初在产品原材料定额消耗量 + 本月投入定额消耗量 − 完工产品定额消耗量

月末在产品定额费用 = 月初在产品定额费用 + 本月投入定额费用 − 完工产品定额费用

月末在产品定额工时 = 月初在产品定额工时 + 本月投入定额工时 − 完工产品定额工时

但是在发生在产品盘盈、盘亏的情况下，计算出的成本资料就不能真实反映产品成本的水平。为了提高产品成本计算的准确性，只有在未发生在产品盘盈、盘亏时，才适用倒挤法计算月末在产品的定额消耗量、定额费用和定额工时。

采用定额比例法分配完工产品与月末在产品成本，分配结果比较正确，同时还便于将实际费用与定额费用进行比较，考核和分析定额的执行情况。这种方法适用于各种消耗定额和费用定额比较准确、稳定，但是月末在产品数量变化较大的情况。

课堂练习3－14：

1.目的：练习用定额比例法计算完工产品成本和在产品成本。

2.资料：

新兴公司生产的B产品，本月完工数量为500件，月末在产品数量为100件，在产品的完工程度为50%，材料系生产开始时一次投入。完工产品单位定额耗用量为20千克，定额工时为50小时。本月共发生材料费用25 000元，人工费用1 500元，制造费用10 500元。

3.要求：

依照上述资料，采用定额比例法计算B产品月末在产品成本和本月完工产品成本，并编制结转本月完工入库产品成本的会计分录。

（四）生产费用在完工产品和在产品之间分配的简化方法

1.不计算在产品成本法

不计算在产品成本法简称“不计算成本法”，是指月末在产品不计算成本，本期归集的生产费用全部由本期完工产品承担的方法。某些企业所生产的产品，月末虽然有在产品，但由于数量较少，且各月在产品数量比较稳定，在产品成本的计算与否，对完工产品的成本影响不大，为了简化核算工作，可以不计算在产品成本。这种方法本月完工产品成本等于本月生产费用，并且基本生产成本明细账的账面上没有月末在产品费用。用计算公式表示为：

本月完工产品成本＝本月生产费用

该方法的基本特点是：基本生产成本明细账中归集的产品成本，全部由本月完工产品负担，月末在产品不分担它适用于各月在产品数量很少的产品。

［例3－38］新兴公司11月份大量大批生产甲产品，甲产品月末在产品数量很少，计算成本时采用不计算在产品成本法。本月甲产品投入直接材料30 000元，直接人工8 000元，制造费用2 000元。月末，甲产品完工入库100件，完工产品总成本和单位成本的计算见表3－43。

表3－43　　**产品成本计算单**

产品：甲产品　　2013年11月　　**完工产量：**100件　　**金额单位：元**

摘要	直接材料	直接人工	制造费用	合计
本月生产费用	30 000	8 000	2 000	40 000
完工产品总成本	30 000	8 000	2 000	40 000
完工产品单位成本	300	80	20	400

2.在产品按年初固定成本计价法

在产品按年初固定成本计价法，是指年内各月都固定地以上年末计算确定的在产品成本作为各月的月末在产品成本，并以此确定当月完工产品成本的方法。采用这种方法，每年只在年末计算12月末的在产品成本，在次年1－11月份，不论在产品的数量是否发生变化，都固定的以上年12月末的在产品成本作为在产品成本。由于1－11月各月末在产品成本是固定的，大大简化了成本核算工作。而且不论年末在产品数量变动与否，都对在产品进行实地盘点，并以实际盘存数为计算基础重新确定年末在产品成本，所以全年完工产品总成本的计算也是准确的。

采用这种方法，本月完工产品成本等于当月该种产品发生的全部生产费用，但账面上有期末在产品成本。

1－11 月份完工产品成本计算公式如下：

本月完工产品成本＝本月生产费用

12 月份完工产品成本计算公式如下：

12 月完工产品成本＝月初（即年初）在产品成本＋本月生产费用－月末盘点确认的在产品成本

这种方法适用于各月末在产品数量较小，或者在产品数量虽大，但各月之间变化不大的产品，月初、月末在产品成本的差额很小对完工产品成本的影响不大。

［例 3－39］新兴公司 11 月份生产的乙产品月末在产品数量比较稳定，计算成本时采用固定在产品成本法。该产品月初在产品成本为 5 000 元，其中，直接材料 3 000 元，直接人工 1 500 元，制造费用 500 元。11 月份发生生产费用 10 000 元，其中直接材料 5 000 元，直接人工 3 000 元，制造费用 2 000 元。月末，乙产品完工入库 200 件，完工产品总成本和单位成本的计算见表 3－44。

表 3－44　　产品成本计算单

产品：乙产品　　2013 年 11 月　　完工产量：200 件　　金额单位：元

摘要	直接材料	直接人工	制造费用	合计
月初在产品成本	3 000	1 500	500	5 000
本月生产费用	5 000	3 000	2 000	10 000
生产费用合计	8 000	4 500	2 500	15 000
完工产品总成本	5 000	3 000	2 000	10 000
完工产品单位成本	25	15	10	50
月末在产品成本	3 000	1 500	500	5 000

3. 在产品按所耗原材料费用计价法

在产品按所耗原材料费用计价法，是指月末在产品只计算其耗用的直接材料费用，不计算直接人工费用和制造费用，即在产品的加工费用全部由完工产品成本负担。

有些企业所生产的产品，直接材料费用在产品成本总额中所占比重较大。例如：酿酒、造纸等行业的产品，直接材料费用占产品成本总额的 70% 以上。这些企业的月末在产品可以只计算材料成本，直接人工和制造费用全部由本月完工产品成本负担。

采用这种方法，本月完工产品成本等于月初在产品材料成本加上当月发生的全部生产费用，再减去月末在产品材料费用。用公式表示为：

本月完工产品成本＝ 月初在产品材料成本 ＋ 本月生产费用 －月末在产品材料成本

该方法的特点是：月末在产品只按所耗材料费用计算确认，人工成本和制造费用全部由完工产品成本承担。

它适用于各月末在产品数量较大，各月月末在产品数量变化也较大，但原材料费用在成本中所占比重较大的产品。

[例3－40] 新兴公司2013年12月份生产的乙产品原材料在生产开始时一次投入，材料费用在产品成本中所占比重较大，在产品只计算材料成本。乙产品月初在产品总成本(即在产品直接材料费用)为3 000元；本月发生生产费用25 800元，其中直接材料15 000元，直接人工7 200元，制造费用3 600元；乙产品本月完工90件，月末在产品10件。乙产品的有关成本计算过程如下：

表3－45 产品成本计算单

产品:乙产品 2013年12月 完工产量:90件 金额单位:元

摘要	直接材料	直接人工	制造费用	合计
月初在产品成本	3 000			3 000
本月生产费用	15 000	7 200	3 600	25 800
生产费用合计	18 000	7 200	3 600	28 800
完工产品总成本	16 200	7 200	3 600	27 000
完工产品单位成本	180	80	40	300
月末在产品成本	1 800			1 800

(1)月末在产品的原材料费用

直接材料费用分配率＝(3 000＋15 000)÷(90＋10)＝180(元/件)

月末在产品材料成本(月末在产品总成本)＝180×10＝1 800(元)

(2)本月完工产品成本

本月完工产品直接材料成本＝180×90＝16 200(元)

或＝18 000－1 800＝16 200(元)

本月完工产品总成本＝16 200＋7200＋3 600＝27000(元)

4. 在产品按完工产品成本计算法

在产品成本按完工产品成本计算法主要适用于月末在产品接近完工、或者已经完工但尚未包装或验收入库的产品。采用这种方法时，为了简化成本计算工作，在产品视同完工产品分配费用，直接按照完工产品和月末在产品的数量比例分配各项费用。计算公式如下：

$$某项费用分配率=\frac{该项生产费用合计}{完工产品数量+月末在产品的数量}$$

完工产品应负担某项费用＝完工产品数量×该项费用分配率

月末在产品应负担某项费用＝月末在产品的数量×该项费用分配率

[例3－41] 某产品生产已经接近完工，在产品成本按完工产品成本计算，本月完工产品600件，月末在产品200件。有关成本资料、完工产品和月末在产品成本计算结果如表3－46所示。

表 3-46 **产品成本计算单**

产品:甲产品 2013 年 12 月 **完工产量:90 件** **单位:元**

项目	直接材料	直接人工	制造费用	合 计
月初在产品成本	600	400	500	1 500
本月发生费用	25 000	5 200	5 900	36 100
费用合计	25 600	5 600	6 400	37 600
产量合计	800	800	800	-
单位成本	32	7	8	47
完工产品成本	19 200	4 200	4 800	28 200
月末在产品成本	6 400	1 400	1 600	9 400

三、完工产品成本结转的账务处理

工业企业的完工产品，包括产成品、自制材料、自制工具和模具等。生产产品发生的生产费用，经过在各种产品之间以及在同种产品的完工产品和月末在产品之间分配以后，可计算出各种完工产品的实际成本，应从“基本生产成本”科目的贷方分别转入有关科目的借方。对于验收入库的产成品成本，会计部门应根据产品成本计算单，按照产品类别、品种、规格进行汇总，编制完工产品成本汇总表，并将完工产品成本从“基本生产成本”科目转入“库存商品”科目;自制材料完工时，借记“原材料”，贷记“基本生产成本”。月末结转后，“基本生产成本”科目的期末余额，就是基本生产在产品的成本，也就是占用在基本生产过程的生产资金，应与所属各种基本生产成本明细账中期末在产品成本之和核对相符。

【本章小结】

- 生产经费用的核算
  - 要素费用的核算
    - 材料费用的核算
    - 外购动力费用核算
    - 职工薪酬费用的核算
    - 折旧费用的核算
    - 利息、税金和其他费用的核算
  - 辅助生产费用的核算
    - 辅助生产费用的归集
    - 辅助生产费用的分配
      - 直接分配法
      - 顺序分配法
      - 交互分配法
      - 代数分配法
      - 计划成本分配法
  - 制造费用的核算
    - 制造费用的归集
    - 制造费用的分配
      - 生产工时比例法
      - 生产工人工时比例法
      - 机器工时比例法
      - 年度计划分配率分配法
  - 生产损失核算
    - 废品损失的核算
      - 可修复废品损失的归集与分配
      - 不可修复废品损失的归集与分配
    - 停工损失的核算
  - 生产费用在完工产品与在产品之间的分配
    - 约当产量法
    - 定额成本法
    - 定额比例法
    - 简化的方法

【复习思考题】

1. 如何选择材料费用的分配方法？
2. 直接人工费用的分配方法有哪些？
3. 辅助生产费用的分配方法有哪些？各种方法有何特点？
4. 辅助生产费用的一次交互分配法的计算步骤是什么？
5. 制造费用的分配方法有哪些？
6. 什么是停工损失？哪些费用计入停工损失？
7. 什么是废品？包括哪些内容？

第四章　产品成本计算方法概述

【学习目标】

★知识目标：

· 了解企业生产组织和工艺特点以及成本管理的要求

· 理解生产特点和管理要求对成本计算方法的影响

· 了解成本计算的辅助方法的种类

★能力目标：

· 能区分成本计算的基本方法的类型及其特点和适用范围

· 能解释产品成本计算的基本方法和辅助方法的差异

案例导入

兴达服装厂是一个新办企业，主要生产西服和羽绒服，根据市场调查，企业生产的西服将有很大市场，决定大量生产；而羽绒服季节性比较强，实行批量生产，赵玉是企业成立时新聘来的一名会计专业毕业的大学生，对成本核算没有经验，加上是新办企业又没有本企业的历史核算办法可以参考，因而不知道采用什么方法核算上述产品的成本，如果你是该单位的会计顾问，你是否能帮助赵玉解决该项问题？

第一节　生产特点和管理要求对成本计算方法的影响

一、确定产品成本计算方法的原则

产品成本是由产品生产过程中企业各个生产单位所发生的生产费用形成的。因此，产品成本计算方法与企业生产单位的工艺技术过程和生产组织有着密切联系。同时，成本核算是成本会计的一个重要组成部分，而成本会计又是会计这一管理活动的一个重要分支。因此，产品成本计算必须满足企业管理方面的要求。这就是说，确定产品成本计算方法的原则是必须从企业的具体情况出发，充分考虑企业生产经营特点和成本管理上的要求。

根据国家统一会计原则、制度的规定，企业应当根据经营特点和管理要求，确定适合本企业的成本核算对象、成本项目和成本计算方法。成本核算对象、成本项目及成本计算方法一经确定，不得随意变更；如需变更，应当根据管理权限，经股东大会或董事会，亦或经理（厂长）会议或类似机构批准，并在会计报表附注中予以说明。

二、工业企业生产的主要类型

不同部门、行业企业的生产千差万别，对于工业企业，可以根据生产工艺过程和生产组织的特点划分为不同类型。

（一）按生产工艺过程的特点分类

生产工艺过程是指产品从投产到完工的生产工艺技术过程。工业企业的生产，按照工艺过程的特点划分，可以分为单步骤生产和多步骤生产两种类型。（见图 4－1）

单步骤生产又称简单生产，是指生产工艺过程不能间断，或者由于工作场地的限制不便于分散在几个不同地点的生产，如发电、采掘、燃气生产及铸件熔铸、玻璃制品熔制等。该类生产通常只能由一个企业整体进行。单步骤产品生产周期一般较短，生产过程中间没有自制的半成品产出。

多步骤生产又称复杂生产，是指生产工艺过程是可以间断的，整个企业的生产过程中的生产活动，可以分别在不同的时间内，不同的地点上，由若干个加工阶段来完成的生产。多步骤生产又可以按其产品加工方式的不同，划分为连续式多步骤生产和装配式多步骤生产。连续式多步骤生产是指产品的生产，从投入原料到制成成品，要经过若干连续不间断的加工阶段，每个加工阶段（除最后一个加工阶段）上的制成品都是下一加工阶段的加工对象。在每一加工阶段中，加工对象都改变了原有的实物形态，到最后加工阶段形成产品，如纺织、化工、冶金、服装加工等工业企业的生产。如棉纺织企业在生产过程中，先将棉花经过清棉、梳棉、并条、粗纺和细纺等步骤制成半成品棉纱，然后对棉纱经过络筒、整经、装纱、穿经和织造等步骤最后制成棉布。装配式多步骤生产（又称平行加工式多步骤生产）是指产品的制造，必须经过若干个平行加工阶段，即先将材料分别加工成零件、部件，再将零件、部件装配为产成品的生产。机械制造企业大都属于这种类型的多步骤生产。如自行车生产企业，就是将材料分别加工成车把、前叉、车架和车轮钢圈等零部件，然后组装成自行车。

（二）按生产组织的特点分类

生产组织方式是指企业产品生产的专业化程度，即一定时期内产品生产的重复性。工业企业的生产按生产组织的特点分类可以分为大量生产、成批生产和单件生产三种类型。（见图 4－1）

大量生产是指不断重复品种相同的产品的生产。它的特点是陆续投入，陆续产出，不分批别，品种稳定，产量大。如冶金、纺织、造纸和酿酒等企业产品的生产。这类生产专业化程度高，一般要采用专用设备进行。

成批生产是指按预先规定的产品批别和规格进行的生产。成批生产按每批生产的数量多少，又可分为大批生产和小批生产。大批生产的产品数量较多，通常在一段时期内连续不断地生产相同的产品，因而，其特点类似于大量生产，如服装生产企业、食品生产企业等；小批生产的产品数量较少，每批产品同时投产，往往也同时完工，如电梯生产企业等，它的特点类似于单件生产。

单件生产是指根据购买单位订单的要求生产个别的、性质特殊的产品生产，如造船、大型机械设备制造等。其特点是：制造时间长，而且在较长时期内一般不重复生产相同品种的产品，产品的稳定性差。

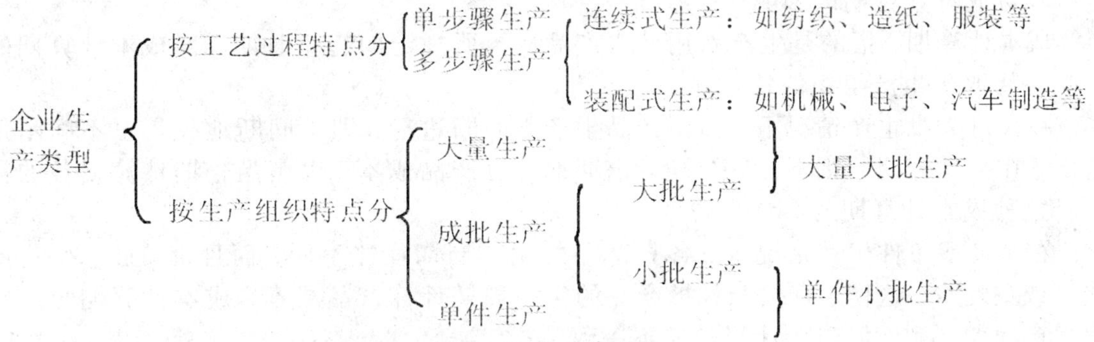

图 4－1　生产类型图

三、生产特点和管理要求对产品成本计算方法的影响

不同产品成本计算的具体方法，其主要区别表现在成本核算对象、成本计算期和完工产品与期末在产品之间费用的分配三个方面。生产特点和管理要求对产品成本计算方法的影响，也就表现在这三个方面。

（一）生产特点对成本计算方法影响

1. 对成本计算对象的影响

成本计算对象主要取决于生产类型的特点。

在大量大批单步骤的生产中，由于不间断地重复生产同类产品，中间又没有自制半成品存在，因而只能以产品的品种作为成本计算对象来归集生产费用；而在大量大批多步骤生产中，由于各个步骤相对独立地生产半成品，生产费用完全可以按产品的生产步骤归集，因而就可以按各个加工步骤的产品作为成本计算对象，以计算各步骤半成品（最后步骤为产成品）的成本；至于单件小批量生产，由于产品是以客户的订单或批别组织生产，因而就决定了可以按产品的订单或批别作为成本对象，以某订单或批别来归集生产费用，以计算各订单或各批别的产品总成本。

2. 对生产费用计入产品成本程序的影响

生产费用计入产品成本程序，是指产品生产过程中发生的各种耗费，经过一系列的归集与分配，最后汇总成产品成本的步骤和方法。

在单件生产情况下，成本计算对象就是该件产品，因而生产该产品所发生的全部生产费用都可以直接计入该产品成本。

在成批生产情况下，由于产品批别较多，产品生产所发生的生产费用，若能确定为生产某一批产品所发生的，则直接计入该批产品成本；若不能直接计入，则需要按一定标准分配计入各有关批别产品的成本。

在大量多步骤生产情况下，生产费用计入产品成本的程序比较复杂。如果是分步骤计算半成品成本，则各步骤生产中发生的生产费用除了分别归集到各步骤产品中之外，还要将上步骤归集的半成品成本随着半成品的实物的转移而逐步结转到下步骤的产品成本中，直至累计到最后步骤，成为完工产品的成本。如果不需要计算各步骤半成品成本，则各生产步骤仅归集本步骤产品生产所发生的生产费用，并计算出由产成品负担的份额，最后组合成完工产品的成本。

3. 对成本计算期的影响

成本计算期，指的是生产费用计入产品成本所规定的起止时期。对成本计算期的影响主要取于生产组织的特点。

在大量大批生产情况下，由于产品生产不间断进行，即不间断地投入也不间断地产出，在会计分期原则下，只能按月定期地计算产品成本，以满足分期计算损益的需要。这种成本计算期与会计报告期一致。

在小批或单件生产情况下，各批产品的生产周期往往不同，而且批量小，生产不重复或重复少，这样，宜按照各批产品的生产周期计算产品成本，成本计算期与产品的生产周期一致，但与会计报告期不一致。

4. 对产品成本在完工产品与在产品之间分配方法的影响。

在大量大批生产情况下，由于成本计算期与产品的生产周期不一致，每月末一般会有在产品存在，因而要将产品的生产成本采用适当的方法在完工产品与月末在产品之间分配。

在单件或小批量生产情况下，由于成本计算期与产品生产周期一致，什么时候产品完工，什么时候才计算完工产品的成本，因此，在每报告期末时，一般不需要将产品成本在完工产品与在产品之间分配。

（二）管理要求对产品成本计算方法的影响

产品生产特点客观上决定着成本计算对象，即计算什么的成本。但成本计算对象的确定还要考虑管理上的要求，因为成本核算是为成本管理服务并提供资料的。

管理要求对成本计算方法的影响主要有：

1. 单步骤生产或管理上不要求分步骤计算成本的多步骤生产，以品种或批别为成本计算对象，采用品种法或分批法。

2. 管理上要求分步骤计算成本的多步骤生产，以生产步骤为成本计算对象，采用分步法。

3. 在产品品种、规格繁多的企业，管理上要求尽快提供成本资料，简化成本计算工作，可采用分类法计算产品成本。

4. 在定额管理基础较好的企业，为加强定额管理工作，可采用定额法。

第二节　产品成本计算的主要方法

生产特点和管理要求对产品成本计算方法的确定具有决定性的作用，主要表现在成本计算对象的确定、成本计算期的确定和是否需要在完工产品和在产品之间分配生产费用等三个方面。它们是相互联系的，其中，成本计算对象直接体现了生产类型的特点和成本管理的要求，其他两个方面在很大程度上是由成本计算对象的特点所决定和制约的，因此，成本计算对象对选择成本计算方法具有决定性的意义，这说明成本计算对象是成本计算的核心，也是区别不同成本计算方法的最主要标志。实际工作中存在的各种各样的产品成本计算具体方法，主要是根据成本计算对象来命名的。

一、产品成本计算的基本方法

根据生产工艺过程和生产组织特点及企业成本管理要求，工业企业产品成本计算的基本方法有三种，即品种法、分批法和分步法。

（一）品种法

在大量大批单步骤生产企业，或管理上不要求分步骤计算成本的多步骤生产企业，只需要以产品品种作为成本计算对象来归集和分配生产费用，计算出各种产品（品种）的实际总成本和单位成本，从而就产生了品种法。

大量大批生产企业不可能等全部产品完工以后才计算其实际总成本，成本计算期只能与会计报告期（定期按月）一致，但与生产周期不一致。品种法在按月计算成本时，有些单步骤生产企业没有月末在产品，这时不需要在本月完工产品和月末在产品之间分配生产费用，本月生产费用等于本月完工产品成本；管理上不要求分步骤计算成本的大量大批多步骤生产企业，通常有月末在产品，这时需要在本月完工产品和月末在产品之间分配生产费用。

（二）分批法

单件小批生产企业（单步骤生产或管理上不要求分步骤计算成本的多步骤生产）是按照客户的订单来组织生产的，客户的订单不仅在数量和质量上要求有所不同，交货日期也不一样。因此，单件小批生产企业只能以生产的产品批别作为成本计算对象来归集和分配生产费用，计算出各批产品的实际总成本和单位成本，从而就产生了分批法。

在分批法下，由于成本计算对象是产品的批别，只有在该批产品全部完工以后，才能计算出其实际总成本和单位成本，因此分批法的成本计算期是不固定的，但与产品周期一致。分批法的成本计算期与生产周期一致，也就不存在期末在产品，不需要将生产费用在本月完工产品和月末在产品之间进行分配。

（三）分步法

在大量大批多步骤生产企业，如果企业成本管理上要求按生产步骤归集生产费用、计算产品成本，就应当把产成品及其所经生产步骤作为成本计算对象，来归集和分配生产费用，计算出各生产步骤和最终产成品的实际总成本和单位成本，从而就产生了分步法。

采用分步法的大量大批多步骤生产企业不可能等全部产品完工以后才计算成本，只能定期按月计算成本，成本计算期与会计报告期一致，但与生产周期不一致。大量大批多步骤生产企业在月末计算产品成本时，通常有在产品，因此，分步法需要将生产费用在本月完工产品和月末在产品之间进行分配。

上述产品成本计算的三种基本方法，其成本计算对象（由生产工艺过程、生产组织的特点和成本管理要求决定）、成本计算期、生产费用在完工产品和在产品之间的分配方面应当指出，无论采用哪种方法计算产品成本，最后都必须计算出各种产品的实际总成本和单位成本。按照产品的品种计算成本是成本计算工作的共同要求，也是最起码的要求。因此，在三种基本方法中，品种法是最基本的方法。

二、产品成本计算的辅助方法

在实际工作中,除了产品成本计算的上述三种基本方法以外，还有为了解决某一个特定问题而产生的其他方法，也称作产品成本计算的辅助方法，如分类法、定额法等。但这些成本计算方法都不是一种独立的成本计算方法，它们必须与三种成本计算方法结合起来才能使用。

(一)分类法

分类法是为了适应一些企业产品规格繁多，成本核算工作量繁重的情况而设计的一种简化成本计算方法。它的基本特点是:以产品类别为成本计算对象，将生产费用先按产品的类别进行归集，计算各类产品成本，然后再按照一定的分配标准在类内各种产品之间分配，来计算各种产品的成本。它主要适用于产品的品种规格多，但每类产品的结构、所用原材料、生产工艺过程都基本相同的企业。

(二)定额法

定额法是在定额管理基础较好的企业，为了加强生产费用和产品成本的定额管理，加强成本控制而采用的成本计算方法。它的基本特点是:以产品的定额成本为基础，加上或减去脱离定额差异以及定额变动差异来计算产品的实际成本。它适用于管理制度比较健全、定额管理基础工作较好、产品生产定型的消耗定额合理且稳定的企业。

需要指出的是，分类法和定额法与生产特点没有直接关系，不论哪种类型的生产，只要具备这些条件，都可以采用分类法或定额法核算生产费用，计算产品成本。

(三)标准成本法

标准成本法是成本控制的一种方法，也可以看作是一种特殊的成本计算方法。标准成本法与定额法不同，它只计算产品的标准成本，不计算产品的实际成本，实际成本脱离标准成本的差异直接计入当期损益。

(四)变动成本法

变动成本法是只将变动成本计入产品成本，而将固定成本全部作为期间成本(费用)直接计入当期损益的一种成本计算方法。

标准成本法和变动成本法在西方国家的企业中采用的较多，因为这两种方法都没有计算出产品的实际制造成本(生产成本)。我国一般将其作为管理会计的方法，不作为产品成本计算的方法。

综上所述，可将产品成本计算的主要方法归类如表 4－1。

表 4－1　　各种成本计算方法比较表

<table>
<tr><th rowspan="2">生产组织特点</th><th rowspan="2">生产工艺过程特点</th><th rowspan="2">成本管理要求</th><th colspan="3">成本计算方法特点</th><th rowspan="2">成本计算方法</th><th rowspan="2">主要适用企业类型</th></tr>
<tr><th>成本计算对象</th><th>成本计算期</th><th>生产费用是否在完成产品与在产品之间分配</th></tr>
<tr><td rowspan="3">大量大批生产</td><td>单步骤</td><td>要求按品种计算成本</td><td rowspan="2">产品品种</td><td>按月计算</td><td>一般不需要分配</td><td rowspan="2">品种法</td><td>发电、采掘、面粉加工等</td></tr>
<tr><td rowspan="2">多步骤</td><td>不要求按步骤计算成本</td><td>按月计算</td><td>一般需要分配</td><td>钢铁、造纸、食品等</td></tr>
<tr><td>要求按步骤计算成本</td><td>生产步骤</td><td>按月计算</td><td rowspan="2">一般需要分配</td><td rowspan="2">分步法</td><td rowspan="2">冶金、汽车、纺织等</td></tr>
<tr><td rowspan="2">单件小批生产</td><td>多步骤</td><td>要求按步骤计算成本</td><td>生产步骤</td><td>按月计算</td></tr>
<tr><td>单步骤或多步骤</td><td>要求按批别计算成本</td><td>批别（订单）</td><td>按生产周期计算</td><td>一般不需要分配</td><td>分批法</td><td>船舶、重型机械等</td></tr>
<tr><td>各种生产类型</td><td colspan="5"></td><td>分类法</td><td></td></tr>
<tr><td>各种生产类型</td><td colspan="5"></td><td>定额法</td><td></td></tr>
</table>

第三节　各种成本计算方法的实际应用

在实际工作中，应根据企业不同的生产特点和管理要求，并考虑到企业的规模和管理水平等具体条件，从实际出发，对上述各种成本计算方法灵活加以运用。

一、几种产品成本计算方法的同时应用

一个企业的各个生产车间，如果生产类型不同，可同时采用不同的成本计算方法。例如，基本生产车间生产大量大批多步骤的产品，辅助生产车间生产大量大批单步骤的产品，在这种情况下，对基本生产车间可采用分步法计算产品成本，而对辅助生产车间可采用品种法计算产品成本。

一个企业或一个车间的各种产品可同时采用不同的成本计算方法。例如瓷器厂生产各种瓷器，有的已经定型，且大量大批生产，可采用分步法计算产品成本；有的却正在试制或刚刚试制成功，只能单件、小批生产，则应采用分批法计算成本。

二、几种产品成本计算方法的结合应用

在实际工作中，即使是一种产品，它的各个生产步骤、各种半成品和各个成本项目之间，其生产特点和管理要求也不完全相同，因而在一种产品中可能将几种成本计算方法结合起来使用。

一种产品的不同生产步骤，由于生产特点和管理要求不同，可以采用不同的成本计算方法。例如，小批、单件生产的大型机械厂，铸造车间可采用品种法计算铸件的成本；加工、装配车间可采用分批法计算各批产品的成本；而在铸造车间和加工、装配车间，则可采用逐步结转分步法结转铸件的成本；若加工车间和装配车间之间要求分步骤计算成本，但加工车间不要求计算半成品成本，则在加工车间和装配车间之间可采用平行结转分步法结转成本。这样，该厂就在分批法的基础上，结合采用了品种法和分步法。

在一种产品的不同零件、部件之间，由于管理要求不同，也可以采用不同的成本计算方法。例如，某种产品由若干零件、部件组装而成，其中不需对外出售的零件、部件不要求单独计算成本；经常对外销售的零件、部件，管理上要求计算零件、部件成本，采用适当成本计算方法单独计算成本。

一种产品的不同成本项目，可以结合采用不同的成本计算方法。例如，大量大批多步骤生产的某种产品，该产品原材料费用比重较大，原材料费用可采用逐步结转分步法，分步计算该产品的原材料费用；其他比重较小的成本项目，则可采用品种法等适当的成本计算方法。

分类法和定额法作为辅助成本计算方法，是为了简化成本核算和加强成本定额管理而采用的，前已述及，必须与三种基本方法结合使用。例如，灯泡厂所产各类灯泡的成本，可采用分类法和分步法相结合的方法，即先采用分步法计算各类灯泡的成本，再用分类法分配计算每类产品内各种灯泡的成本。

综上所述，企业实际情况复杂，因而所采用的成本计算方法也是多种多样的。为了便于企业进行各期成本资料的分析、考核和对比，防止企业利用成本计算方法的改变人为调节各期成本与利润，企业的成本计算方法一经确定，不应任意变更。

【本章小结】

- 产品成本计算方法概述
  - 生产类型
    - 按工艺过程特点分
    - 按生产组织方式分
  - 生产类型和管理要求对成本计算方法影响
    - 生产特点影响
    - 成本管理要求影响
  - 产品成本计算方法
    - 基本方法
    - 辅助方法

【复习思考题】

1. 试述企业按生产工艺过程特点和生产组织方式分类的情况。
2. 试述生产类型及其特点对产品成本计算方法的影响。
3. 产品成本计算方法包括哪些方法？各自适用的条件是什么？

第五章　产品成本计算的品种法

【学习目标】

★知识目标：

· 掌握品种法的概念、特点和适用范围

· 熟悉品种法中各种费用归集和分配的方法及相应的账务处理

· 熟练掌握品种法的成本核算程序和计算方法

★能力目标：

· 能解释品种法的应用范围和特点

· 能熟练运用品种法的计算方法

案例导入

奇元食品厂是一家刚开业不久的小型企业，主要生产蛋元饼干和曲奇饼干。采用原材料一次投入，逐步加工的生产方式。11 月末，车间中一定数量的饼干已经加工完成，经检验包装待入库；尚有部分仍在流水线上继续加工中。

如果你是该企业刚应聘的一名成本会计核算员，请根据企业 11 月份业务形成的成本核算资料，准确计算出完工产品的总成本和单位成本。如果奇元食品厂生产车间采用逐步投料方式生产饼干，在计算成本的过程中会有什么不同？从成本信息的来源中，你认为企业从哪些方面入手可以降低产品成本？

第一节　品种法概述

企业不论属于哪种生产类型，也不论管理要求如何，最终都必须按照产品品种计算出产品成本。因此，按照产品品种计算成本，是成本计算中最基本的要求。品种法是产品成本计算方法中最基本的方法，也是其他各种成本计算方法的基础。

一、品种法及其适用范围

品种法是以产品品种为成本计算对象，来归集生产费用，计算产品成本的一种方法。

品种法主要适用于大量大批单步骤生产企业。因大量大批单步骤生产企业的生产工艺过程不可间断，是连续不断地、不分步骤地、大量地生产产品；又因大量大批生产是重复生产同一种类的产品，没必要划分批别计算成本，也没必要按产品生产步骤计算产品成本。所以，大量大批单步骤生产企业适宜采用品种法计算产品成本，如发电、铸件、采掘等企业。

有些大量大批多步骤生产企业，虽然其生产工艺过程可以间断，但生产规模较小，或者生产车间是封闭式的(即从原材料投入到产品生产完工的全过程是在一个车间进行的，或者生产线是按流水线组织的，在管理上又不要求分步骤计算半成品成本)。这类企业也可用品种法计算产品的生产成本。如小型水泥厂、大中型机械制造企业的封闭式车间等。

二、品种法的特点

品种法的特点，主要体现在成本计算对象、成本计算期和生产费用的分配方面。

(一)成本计算对象

在采用品种法计算产品成本的企业或车间，产品的品种就是成本计算对象。以产品品种作为成本计算对象，应以产品品种开设基本生产成本明细账，并按成本项目设置专栏归集各种生产费用，计算各种产品的成本。如果企业只生产一种产品，成本计算对象就是该种产品的完工产品成本；如果企业生产多种产品，成本计算对象就是各种产品的完工产品成本。

(二)成本计算期

品种法的成本计算期是固定的，定期在月末进行计算，因为在大量大批生产的企业，产品生产是连续不断进行的，且生产周期比较短，企业不可能随着产品的完工同时计算出产品成本，而是定期在各月月末计算出当月完工产品成本。因此，其成本计算期与会计报告期一致，与产品生产周期不一致。

(三)月末生产费用在完工产品与在产品之间的分配

大量大批单步骤生产的企业，生产周期较短，月末一般无在产品，不需要计算月末在产品成本。在一些规模较小、管理上又不要求分步骤计算半成品成本的大量大批多步骤生产企业中，月末一般有在产品，且在产品数量较多，生产费用就需要在完工产品和月末在产品之间分配，以计算各种完工产品和月末在产品成本。

第二节 品种法的程序及应用

一、品种法的计算程序

(一)按产品品种设置基本生产成本明细账

按产品品种设置基本生产成本明细账(或成本计算单)，并按直接材料、直接人工、制造费用等成本项目设置专栏；按辅助生产车间或辅助产品品种开设辅助生产成本明细账，并按生产车间开设制造费用明细账，账内按成本或费用项目设置专栏。如果有月初在产品成本应先在生产成本明细账中登记。

(二)编制各种费用分配表，分配应由本期负担的各项生产费用

1. 要素费用的分配

根据本月发生的各要素费用的原始凭证和相关资料，编制各种费用分配表，归集和分配各种要素费用。并根据各要素费用的分配结果，登记基本生产成本、辅助生产成本、制造费用、管理费用等明细账。

2. 辅助生产费用的分配

根据辅助生产费用明细账，归集本月发生的辅助生产费用。采用适当的方法将辅助生产费用分配给各受益对象，编制辅助生产费用分配表，登记有关成本、费用明细账。

3. 制造费用的分配

根据制造费用明细账归集的基本生产车间本月发生的费用，编制制造费用分配表，采用适当的方法将制造费用作出分配，并登记基本生产成本明细账。

4. 损失性费用的分配

损失性费用的分配，是根据废品损失明细账、停工损失明细账归集的净损失，编制废品损失分配表和停工损失分配表分配费用，并登记基本生产成本明细账。

(三)生产费用在完工产品与月末在产品之间的分配

在基本生产成本明细账内，按成本项目归集全部生产费用，采用适当的方法在本月完工产品和月末在产品之间分配，计算出各种完工产品和月末在产品成本。

(四)结转完工产品成本

根据所计算出的完工产品总成本和单位成本，汇总编制完工产品成本汇总计算单，结转完工产品成本，并登记库存商品明细账。

品种法的成本计算程序如图 5 - 1 所示。

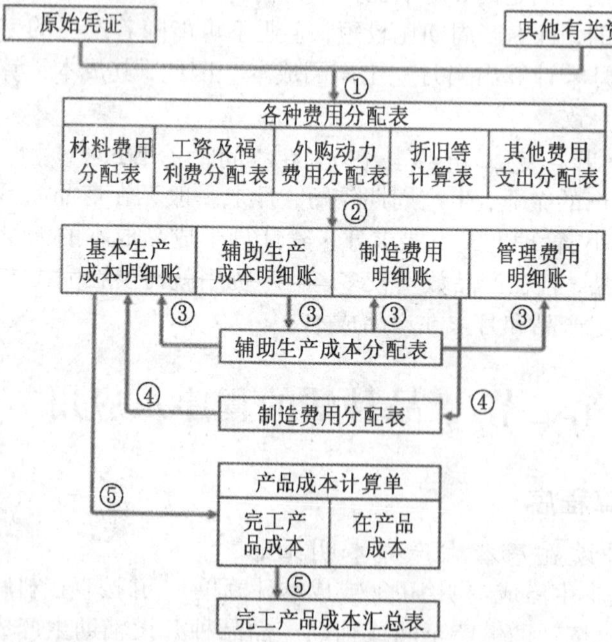

说明：

①根据各项耗费的原始凭证和其他有关资料，分配各项要素费用。

②根据各要素费用分配表及其他费用资料，登记基本生产成本明细账（或产品成本计算单，下同）、辅助生产成本明细账、制造费用明细账以及管理费用明细账等。

③编制辅助生产成本分配表，将辅助生产明细账中所归集的生产费用采用适当方法分配给各受益对象，并据以登记有关费用明细账。

④编制制造费用分配表，将制造费用明细账中所归集的全月费用采用适当方法在各种产品之间进行分配，并据以登记基本生产成本明细账。

⑤将基本生产成本明细账中按成本项目归集的生产费用采用适当的方法在本月完工产品和月末在产品之间进行分配，确定完工产品和月末在产品成本；编制完工产品成本汇总表，计算各种完工产品的总成本和单位成本。

二、品种法的应用

案例：产品成本计算的品种法

【企业概况】新兴公司为大量大批单步骤生产的企业，设有一个基本生产车间，大量生产甲、乙两种产品；另设一个辅助生产车间——供电车间，为整个企业提供电力服务，该辅助车间不单独核算制造费用。该企业 2013 年 11 月份有关成本资料如下所述。

【产量资料】该企业产量资料如表 5－1 所示。

表 5－1　　**产量资料**

2013 年 11 月

单位：件

产品名称	月初在产品	本月投入	本月完工产品	月末在产品
甲产品	300	600	700	200
乙产品	260	540	800	

【生产工时】甲、乙两种产品耗用生产工时分别为 3 000 工时、2 000 工时。

【费用资料】月初在产品成本如表 5－2 所示，本月发生的生产费用如下：

表 5－2　　**月初在产品成本资料**

2013 年 11 月

单位：元

产品名称	直接材料	直接人工	制造费用	合　计
甲产品	23 000	12 000	15 000	50 000
乙产品	20 000	10 000	13 000	43 000

本月发生的生产费用：

(1)汇总材料费用。本月共发生材料费用 110 000 元。其中生产甲产品直接耗用 A 材料 40 000 元，生产乙产品直接耗用 A 材料 39 000 元。生产甲、乙两种产品共同耗用 B 材料 14 000 元，甲产品和乙产品 B 材料的定额耗用量分别为 900 千克、500 千克。供电车间耗用 A 材料 8 000 元，基本生产车间一般耗用 A 材料 5 000 元，企业行政管理部门耗用 A 材料 4 000 元。甲、乙两种产品共同耗用的材料按定额耗用量比例分配。

(2)汇总低值易耗品费用。领用低值易耗品采用一次摊销法。本月基本生产车间领用生产工具一批，价值 4 400 元，供电车间领用专用工具一批，价值 6 600 元，企业行政管理部门领用一般工具一批，价值 2 200 元。

(3)汇总工资费用。本月共发生工资费用 59 000 元。其中为生产甲、乙两种产品共支付生产工人工资 45 000 元，供电车间生产工人工资 6 000 元，基本生产车间管理人员工资 5 000 元，企业行政管理部门人员工资 3 000 元。生产工人的工资按甲、乙两种产品的生产工时比例分配。

(4)计提折旧费用。本月末计提固定资产折旧费26 000元，其中基本生产车间10 500元，辅助生产车间9 000元，企业行政管理部门6 500元。

(5)汇总货币支出。本月用银行存款支付下列费用:基本生产车间办公费用3 200元，其他费用800元;辅助生产车间办公费用1 720元，其他费用280元;企业行政管理部门办公费用1 600元，其他费用200元。

(6)归集和分配辅助生产费用。辅助生产费用按直接分配法分配。本月供电车间共对外提供电量12 500度，其中生产甲、乙两种产品分别耗用5 000度、4 000度，基本生产车间一般耗用1 000度，企业行政管理部门耗用2 500度。

【核算要求】采用品种法计算甲、乙两种产品的成本。其中，生产工人工资、制造费用按所耗工时比例分配;生产费用在完工产品和月末在产品之间的分配采用约当产量比例法。假设甲、乙两种产品的原材料都在生产开始时一次投入，加工费用发生比较均衡，月末在产品完工程度均为50%。

根据生产特点和管理要求，确定采用品种法计算甲、乙两种产品成本。

(一)设置相关成本费用明细账

按基本生产车间生产产品品种设置基本生产成本明细账(见表5-12、表5-13)和成本计算单(见表5-14、表5-15)，按车间设置辅助生产成本明细账(见5-8)和制造费用明细账(见表5-10)，其他与成本计算无关的费用明细账，如管理费用明细账等，此略。

(二)各项生产费用的归集和分配

1. 归集和分配各要素费用。

根据有关原始凭证及相关资料编制各种费用分配表和相应的会计分录(代为记账凭证，下同)，并登记相关的成本费用明细账。

(1)根据本月材料领用情况，编制材料费用分配表和相应的会计分录，并登记基本生产成本明细账、辅助生产成本明细账、制造费用明细账。

材料费用分配表见表5-3。

表5-3

材料费用分配表

2013年11月

领料部门及用途		成本或费用项目	A材料	B材料			合　计
				定额耗用量	分配率	分配额	
基本生产车间	甲产品	直接材料	40 000	900		9 000	49 000
	乙产品	直接材料	39 000	500		5 000	44 000
	小　计		79 000	1 400	10	14 000	93 000
辅助生产车间	供电车间	材料费	8 000				8 000
基本生产车间一般耗用		机物料	5 000				5 000
行政管理部门		其　他	4 000				4 000
合　计			96 000			14 000	110 000

注:B材料费用分配率 = 14 000 ÷ (900 + 500) = 10(元/千克)

甲产品应负担B材料费用 = 900 × 10 = 9 000(元)

乙产品应负担B材料费用 = 500 × 10 = 5 000(元)

会计分录:

借:基本生产成本——甲产品　49 000
　　　　　　　——乙产品　44 000
　辅助生产成本——供电车间　8 000
　制造费用——基本生产车间　5 000
　管理费用　4 000
　贷:原材料——A材料　96 000
　　　　　——B材料　14 000

(2)根据本月低值易耗品领用情况,编制低值易耗品费用分配表和相应的会计分录,并登记辅助生产成本明细账、制造费用明细账。

低值易耗品费用分配表见表5-4。

表5-4 **低值易耗品费用摊销表**

2013年11月

领料部门及用途		费用项目	摊销额
辅助生产车间	供电	低值易耗品摊销	6 600
基本生产车间	一般耗用	低值易耗品摊销	4 400
行政管理部门		低值易耗品摊销	2 200
合　计			13 200

会计分录:

借:辅助生产成本——供电车间　6 600
　制造费用——基本生产车间　4 400
　管理费用　2 200
　贷:周转材料——低值易耗品　13 200

(3)根据本月工资情况,编制工资费用分配表和相应的会计分录,并登记基本生产成本明细账、辅助生产成本明细账、制造费用明细账。

工资费用分配表见表5-5。

表5-5 **工资费用分配表**

2013年11月

车间或部门		成本或费用项目	工时	分配率	金额
基本生产车间	甲产品	直接工资	3 000		27 000
	乙产品	直接工资	2 000		18 000
	小　计		5 000	9	45 000
辅助生产车间	供电车间	工资			6 000

续表

基本生产车间	一般人员	工资			5 000
行政管理部门		工资			3 000
合　计					59 000

注：工资费用分配率 = 45 000 ÷ (3 000 + 2 000) = 9(元/工时)

甲产品应负担工资费用 = 3 000 × 9 = 27 000(元)

乙产品应负担工资费用 = 2 000 × 9 = 18 000(元)

会计分录：

借：基本生产成本——甲产品　　27 000

　　　　　　　　——乙产品　　18 000

　　辅助生产成本——供电车间　　6 000

　　制造费用——基本生产车间　　5 000

　　管理费用　　3 000

　　贷：应付职工薪酬——工资　　59 000

(4)根据本月末计提固定资产折旧情况，编制折旧费用分配表和会计分录，并登记有关明细账。

固定资产折旧费用分配表见表 5-6。

表 5-6　**折旧费用分配表**

2013 年 11 月

车间或部门	费用项目	金　额
辅助生产车间	折旧费	9 000
基本生产车间	折旧费	10 500
行政管理部门	折旧费	6 500
合　计		26 000

会计分录：

借：制造费用——基本生产车间　　10 500

　　辅助生产成本——供电车间　　9 000

　　管理费用　　6 500

　　贷：累计折旧　　26 000

(5)根据各项货币支出情况，编制货币支出的其他费用汇总表和相应的会计分录，并登记辅助生产成本明细账、制造费用明细账。

其他费用汇总表见表 5-7。

表 5－7

其他费用汇总表

2013 年 11 月

车间或部门	费用项目	金 额(元)
供电车间	办公费	1 720
	其 他	280
	小 计	2 000
基本生产车间	办公费	3 200
	其 他	800
	小 计	4000
行政管理部门	办公费	1 600
	其 他	200
	小 计	1 800
合 计		7 800

为简化计算，编制会计分录汇总如下：

借:辅助生产成本——供电车间　　2 000

　制造费用——基本生产车间　　4 000

　管理费用　　1 800

　贷:银行存款　　7 800

2. 归集和分配辅助生产费用。根据本月辅助生产成本明细账，归集供电车间本月发生费用为 31 600 元。辅助生产成本明细账见表 5－8。

表 5－8

辅助生产成本明细账

车间名称:供电车间　　2013 年 11 月

2013 年		凭 证		摘 要	材料费	工资费	折旧费	低值易耗品	办公费	其他	合 计
月	日	字	号								
11	30	略	略	分配材料费用	8 000						8 000
	30			摊销低值易耗品				6 600			6 600
	30			分配工资费用		6 000					6 000
	30			分配折旧费用			9 000				9 000
				分配其他费用					1 720	280	2 000
	30			本月合计	8 000	6 000	9 000	6 600	1 720	280	31 600
	30			分配转出辅助生产费用	8 000	6 000	9 000	6 600	1 720	280	31 600

该企业采用直接分配法分配辅助生产费用。按供电车间对外提供电量度数，编制辅助生产费用分配表和会计分录，并登记有关明细账。

辅助生产费用分配表见表 5－9。

表 5－9

辅助生产费用分配表

2013 年 11 月

车间或部门		成本或费用项目	耗电度数	分配率	金 额
基本生产车间	甲产品	制造费用	5 000		12 640
	乙产品	制造费用	4 000		10 112
	小 计		9 000		22 752
	一般耗用	电费	1 000		2 528
行政管理部门		电费	2 500		6 320
合 计			12 500	2.528	31 600

注：表中费用分配率＝31 600÷12 500＝2.528（元/度）

会计分录：

借：基本生产成本——甲产品　　12 640

　　　　　　　——乙产品　　10 112

　　制造费用——基本生产车间　　2 528

　　管理费用　　6 320

　　贷：辅助生产成本——供电车间　　31 600

3. 归集和分配制造费用。根据本月已登记的制造费用明细账，归集基本生产车间本月发生的制造费用为 31 428 元。制造费用明细账见表 5－10。

表 5－10

制造费用明细账

车间：基本生产车间　　2013 年 11 月

2013 年 月	日	凭证 字	号	摘 要	材料费	工资费	折旧费	低值易耗品摊销	办公费	电费	其他	合 计
11	30	略	略	分配材料费用	5 000							5 000
	30			摊销低值易耗品				4 400				4 400
	30			分配工资费用		5 000						5 000
	30			分配折旧费用			10 500					10 500
	30			分配电费						2 528		2 528
				分配其他费用					3 200		800	4 000
	30			本月合计	5 000	5 000	10 500	4 400	3 200	2 528	800	31 428
	30			分配转出制造费用	5 000	5 000	10 500	4 400	3 200	2 528	800	31 428

制造费用按甲、乙两种产品的生产工时比例分配，编制制造费用分配表和会计分录，并登记基本生产成本明细账。

制造费用分配表见表 5－11。

表 5－11　　制造费用分配表

车间名称:基本生产车间　　2013 年 11 月

产品名称	生产工时	分配率	金　额
甲产品	3 000		18 856.80
乙产品	2 000		12 571.20
合　计	5 000	6.2856	31 428

注:表中费用分配率＝31 428 ÷5 000＝6.2856(元/工时)

根据制造费用分配表编制会计分录，并登记有关明细账。

借:基本生产成本——甲产品　　18 856.80

　　　　　　　　——乙产品　　12 571.20

　贷:制造费用——基本生产车间　　31 428

(三)生产费用在完工产品和月末在产品之间分配

根据各种费用分配表和其他资料，登记基本生产成本明细账，分别归集出甲、乙两种产品的生产费用。甲产品采用约当产量比例法计算出完工产品和月末在产品成本。乙产品由于没有月末在产品，则基本生产成本明细账中归集的生产费用全部是完工产品成本。分别编制甲、乙两种产品的成本计算单。

甲、乙两种产品的基本生产成本明细账见表 5－12、表 5－13。

表 5－12　　基本生产成本明细账

产品名称:甲产品　　2013 年 11 月

2013 年		凭　证		摘　要	成本项目			合　计
月	日	字	号		直接材料	直接人工	制造费用	
11	1	略	略	月初在成品成本	23 000	12 000	15 000	50 000
	30			分配材料费用	49 000			49 000
	30			分配工资费用		27 000		27 000
	30			分配电费			12 640	12 640
	30			分配制造费用			18 856.80	18 856.80
	30			生产费用合计	72 000	39 000	46 496.80	157 496.80
	30			结转完工产品成本	56 000	34 125	40 684.70	130 809.70
	30			月末在产品成本	16 000	4 875	5 812.10	26 687.10

表 5－13　　基本生产成本明细账

产品名称：乙产品　　2013 年 11 月

2013 年		凭证		摘要	成本项目			合计
月	日	字	号		直接材料	直接人工	制造费用	
11	1	略	略	月初在成品成本	20 000	10 000	13 000	43 000
	30			分配材料费用	44 000			44 000
	30			分配工资费用		18 000		18 000
	30			分配电费			10 112	10 112
	30			分配制造费用			12 571.20	12 571.20
	30			生产费用合计	64 000	28 000	35 683.20	127 683.20
	30			结转完工产品成本	64 000	28 000	35 683.20	127 683.20
	30			月末在产品成本	–	–	–	–

甲、乙两种产品的成本计算单见表 5－14、表 5－15。

表 5－14　　产品成本计算单

完工产品数量：700 件

产品名称：甲产品　　2013 年 11 月　　月末在产品数量：200 件

项目	直接材料	直接人工	制造费用	合计
生产费用合计	72 000	39 000	46 496.80	157 496.80
产量合计	700＋200＝900	700＋200×50%＝800	700＋200×50%＝800	–
分配率	80	48.75	58.121	186.871
完工产品成本	700×80＝56 000	700×48.75＝34 125	700×58.121＝40 684.70	130 809.70
月末在产品成本	200×80＝16 000	100×48.75＝4 875	100×58.121＝5 812.10	26 687.10
产品单位成本	80	48.75	58.12	186.87

表 5－15　　产品成本计算单

完工产品数量：800 件

产品名称：乙产品　　2013 年 11 月　　月末在产品数量：无

项目	直接材料	直接人工	制造费用	合计
生产费用合计	64 000	28 000	35 683.20	127 683.20
产量合计	800	800	800	–
完工产品成本	64 000	28 000	35 683.20	127 683.20
产品单位成本	80	35	44.60	159.60

（四）结转完工产品成本

根据甲、乙两种产品的成本计算单，编制完工产品成本汇总计算单，见表 5－16。

表 5－16

完工产品成本汇总计算单

2013 年 11 月

成本项目	甲产品(700 件)		乙产品(800 件)	
	总成本	单位成本	总成本	单位成本
直接材料	56 000	80	64 000	80
直接人工	34 125	48.75	28 000	35
制造费用	40 684.70	58.12	35 683.20	44.60
合　计	130 809.70	186.87	127 683.20	159.60

根据完工产品成本汇总计算单编制会计分录:

借:库存商品——甲产品　　130 809.70

　　　　　——乙产品　　127 683.20

　贷:基本生产成本——甲产品　　130 809.70

　　　　　　　　——乙产品　　127 683.20

【本章小结】

- 品种法
  - 成本计算对象——产品品种
  - 成本计算期——定期在各月月末
  - 适用范围
    - 大量大批单步骤生产企业
    - 管理上不要求分步计算产品成本的大量大批多步骤生产企业
  - 成本计算程序
    - 归集和分配各种要素费用
    - 归集和分配辅助生产费用
    - 归集和分配基本生产车间制造费用
    - 计算各种完工产品和月末在产品成本

【复习思考题】

1. 什么是品种法？其适用范围如何？
2. 品种法有哪些特点？
3. 说明品种法的成本计算程序。
4. 为什么说品种法是成本计算的最基本方法？

第六章　产品成本计算的分批法

【学习目标】

★知识目标：

· 了解分批法的适用范围

· 了解成本计算分批法的涵义和特点

· 掌握分批法的成本核算程序

· 掌握简化分批法的成本核算程序

★能力目标：

· 能解释分批法的应用范围和特点

· 能运用分批法进行成本计算

案例导入

某企业为一家生产普通民用家具的企业，设有四个基本生产车间，分别为配料车间、加工车间、组装车间和漆装车间。产品由四个车间加工完成。配料车间生产的零件经过加工车间继续加工成部件，组装车间负责将零部件组装成成品，漆装车间进行烤漆。该企业生产的普通民用家具市场成熟，销售稳定，为了寻找新的利润增长点，企业决定生产高档办公家具，按照客户订单生产个性化家具。

那么，企业会计人员对办公家具的成本核算应该采用什么样的方法呢？是按家具的种类分品种计算成本？是按照家具的订单分批别计算成本？还是按照家具的生产流程分步骤计算成本？还是采用其他的什么方法计算成本？

第一节　分批法概述

一、分批法及其适用范围

分批法是以产品的批别或定单作为成本计算对象来归集生产费用计算产品成本的一种方法。产品批别在成批组织产品生产的企业或车间中，是按照一定品种、一定批量产品划分的。因此，分批法也就是计算一定品种、一定批量的产品成本的方法。在实际工作中，产品的品种和每批产品的批量往往是根据客户的定单确定，因而，按照产品批别计算产品成本，往往也就是按照定单计算产品成本，所以分批法亦称为定单法。

分批法适用于单件小批生产的企业或车间。

单件小批生产的企业或车间，可根据客户的要求，生产个别的、性质特殊的产品，既可以是单件的大型产品，也可以是小批规格相同的产品，企业产品的种类随着客户的要求经常变动，一批产品通常不重复生产，即使重复生产也是不定期的，如重型机械、船舶制造，专用设备、专用工具的生产，新产品的试制等，均可采用分批法。

二、分批法的特点

(一)成本计算对象

分批法的成本计算对象是产品的批别或定单。企业一般以客户的定单划分批别，把一张定单上的产品作为一批进行核算，但客户的定单和产品的批别并不完全一致。如果一张定单内有几种产品，为便于管理、核算，可按产品品种划分批别。如果一张定单内虽然只有一种产品，但数量较大，或要求分批交货，也可分为几批进行生产，并分批计算产品成本。

(二)成本计算期

分批法的成本计算期是不固定的。由于各批产品的生产周期不相同，同批产品的实际成本只有全部完工后才能计算确定，因而分批法的成本计算期并不固定，与生产周期一致，与会计报告期不一致。

(三)费用在完工产品与月末在产品的分配

分批法一般不需要计算月末在产品成本。单件小批生产下，月末计算产品成本时，基本生产成本明细账所归集的生产费用，产品完工前全部是月末在产品成本，产品完工时全部是完工产品成本，因此不需要计算月末在产品成本；但在同批产品内有跨月陆续完工情况时，生产费用就需要在完工产品和月末在产品之间分配，以分别计算完工产品和月末在产品成本。

【提示】

内部生产批别与客户定单既有密切联系，又有区别，二者的区别主要表现在如下几个方面：(1)如果在一张定单中订购了多种产品，应按照产品的品种划分为多个批别，组织生产；(2)如果在一张定单中只有一种产品，但产品数量较大，不便于集中一次投产，或购货单位要求分批交货，那么也可分批组织生产；(3)如果在同一时期，在多张定单中订购了相同的产品，但为了经济合理地组织生产，也可将几个相同产品的定单合为一批，开设一个产品批号，组织生产；(4)如果在一张定单中只订购了一种产品，但这种产品属于大型复杂的产品，价值高、生产周期长，也可按产品的组成部分或生产步骤分别开设产品批号，组织生产。

第二节　分批法的程序及应用

一、分批法的成本计算程序

(一)设置成本明细账

按产品批别或定单设置基本生产成本明细账(或成本计算单)，并按成本项目分设专栏。成本明细账上既要注明产品批号，也要写明产品名称。成本明细账的设立、结账时间，应与生产部门生产通知单的签发、完工时间一致，保证成本计算的准确性。

(二)按产品的批别或定单分配和归集产品的生产费用

根据“直接费用、直接登记，间接费用、分配登记”的原则，分配归集本月发生的各种费用。凡能直接分清批别的费用，按产品批号直接计入各批产品成本明细账;不能直接分清产品批次的费用，按一定标准分配计入各批产品成本明细账。

(三)计算并结转完工产品成本

如果是小批生产，批内产品一般都能同时完工，月末计算成本时，产品完工之前全部是月末在产品成本，产品完工时全部是完工产品成本;同批产品内如有跨月陆续完工的，完工产品数量不多时，月末可采用简易方法计算出完工产品成本，可用完工产品数量，乘以定额单位成本、计划单位成本或近期相同产品的实际单位成本，作为完工产品成本从基本生产成本明细账中转出，等到该批产品全部完工时，再计算全批产品的实际总成本和单位成本，并用实际成本减去前面已转出成本的余额，从基本生产成本明细账中转出。如果批内完工产品数量较多，占全部批量比例较大，为保证成本计算的准确性，需采用适当方法，在完工产品和月末在产品之间准确分配生产费用。

分批法的成本计算程序如图 6－1 所示。

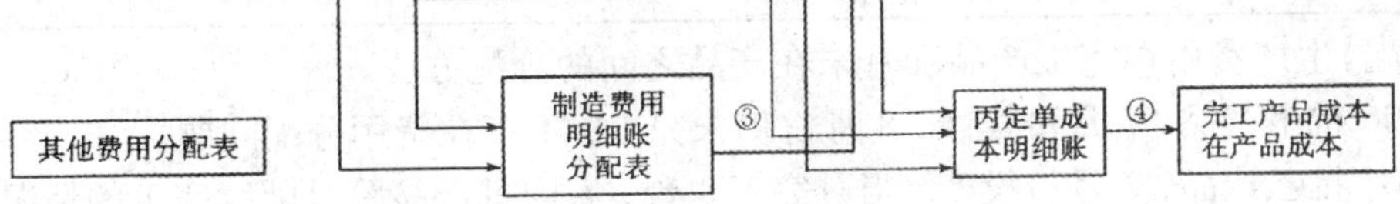

图 6－1　分批法成本计算程序简图

说明:

①分配各项要素费用，登记基本生产成本明细账(或产品成本计算单，下同)、辅助生产成本明细账、制造费用明细账以及管理费用明细账等。

② 编制辅助生产成本分配表，将辅助生产明细账中所归集的生产费用采用适当方法分配给各受益对象，并据以登记有关费用明细账。根据各要素费用分配表及其他费用资料，

③ 编制制造费用分配表，将制造费用明细账中所归集的全月费用采用适当方法在各种产品之间进行分配，并据以登记基本生产成本明细账。

④ 将基本生产成本明细账中按成本项目归集的生产费用采用适当的方法在本月完工产品和月末在产品之间进行分配，确定完工产品和月末在产品成本；编制完工产品成本汇总表，计算各种完工产品的总成本和单位。

二、分批法应用举例

案例 6－1：产品成本计算的分批法

新兴企业根据客户的订单组织生产，采用分批法计算产品成本。该企业有两个生产车间，生产三批产品，原材料均在生产开始时一次投入，在产品完工程度为50%，2013 年12 月份的有关资料如下：

【生产情况】各批产品的生产情况见表 6－1。

表 6－1　　各批产品生产情况

产品批号	产品名称	投产日期	批量/台	完工产量/台	
				11 月	12 月
06	甲产品	11 月份	15		
07	乙产品	11 月份	12	8	4
08	丙产品	12 月份	5		5

【费用资料】根据费用分配表，汇总各批产品 11、12 月份的生产费用，见表6－2、表6－3。

表 6－2　　11 月份生产费用

产品批号	产品名称	直接材料	直接人工	制造费用	合　计
06	甲产品	8 900	6 600	4 000	19 500
07	乙产品	13 800	7 500	6 300	27 600

表 6－3　　12 月份生产费用

产品批号	产品名称	直接材料	直接人工	制造费用	合　计
06	甲产品		5 000	3 200	8 200
07	乙产品		2 400	2 100	4 500
08	丙产品	27 600	6 350	4 400	38 350

【分配】生产费用在完工产品和月末在产品之间的分配方法。

(1)06 批甲产品，7 月份投产，8 月份仍未完工，不存在费用分配问题。

(2)07 批乙产品，7 月份投产，当月完工 8 台，属同批产品跨月陆续完工的情况。因完工产品数量占全部批量比例较大，可采用约当产量比例法分配生产费用。

(3)08 批丙产品，8 月份投产，当月全部完工，属同批产品同时完工，也不存在费用分配问题。

【核算要求】采用分批法计算甲产品、乙产品、丙产品的成本。

表 6－4　　基本生产成本明细账

产品批号：06　　投产日期：2013 年 11 月

产品名称：甲产品　　产量：15 台　　完工日期：　　单位：元

2013 年		凭证		摘要	直接材料	直接人工	制造费用	合计
日	月	字	号					
11	30	略	略	本月生产费用合计	8 900	6 600	4 000	19 500
12	31			本月生产费用合计		5 000	3 200	8 200
	31			生产费用累计	8 900	11 600	7 200	27 700

表 6－5　　基本生产成本明细账

产品批号：07　　投产日期：2013 年 11 月

产品名称：乙产品　　产量：12 台　　完工日期：2013 年 12 月　　单位：元

2013 年		凭证		摘要	直接材料	直接工资	制造费用	合计
月	日	字	号					
11	30	略	略	本月生产费用	13 800	7 500	6 300	27 600
	30			转出完工 8 台成本	9 200	6 000	5 040	20 240
	30			月末在产品成本	4 600	1 500	1 260	7 360
12	31			本月生产费用合计		2 400	2 100	4 500
	31			转出完工 4 台成本	4 600	3 900	3 360	11 860
	31			全部产品成本	13 800	9 900	8 400	32 100
	31			单位成本	1 150	825	700	2 675

表 6－5 中，11 月份完工 8 台的成本计算过程如下：

直接材料费用的分配：

在产品约当产量＝4×100%　＝4（台）

材料费用分配率＝13 800÷（8＋4）＝1 150（元/台）

完工产品负担的材料费用＝1 150×8＝9 200（元）

月末在产品负担的材料费用＝1 150×4＝4 600（元）

直接人工费用的分配：

在产品约当产量＝4×50%＝2（台）

工资费用分配率＝7 500÷（8＋2）＝750（元/台）

完工产品负担的直接人工费用＝750×8＝6 000（元）

月末在产品负担的直接人工费用＝750×2＝1 500（元）

制造费用的分配：

制造费用分配率＝6 300÷（8＋2）＝630（元/台）

完工产品负担的制造费用＝630×8＝5 040（元）

月末在产品负担的制造费用＝630×2＝1 260（元）

表 6－6　　基本生产成本明细账

产品批号：08　　投产日期：2013 年 12 月

产品名称：丙产品　　产量：5 台　　完工日期：2013 年 12 月　　单位：元

2013 年		凭证		摘　要	直接材料	直接人工	制造费用	合　计
月	日	字	号					
12	31	略	略	本月生产费用	27 600	6 350	4 400	38 350
	31			转出完工 5 台成本	27 600	6 350	4 400	38 350
	31			单位成本	5 520	1 270	880	7 670

根据企业 11 月末和 12 月末计算转出的完工产品成本，编制如下会计分录：

11 月末：

借：库存商品——乙产品　　20 240

　贷：基本生产成本——乙产品　　20 240

12 月末：

借：库存商品——乙产品　　11 860

　　　　　——丙产品　　38 350

　贷：基本生产成本——乙产品　　11 860

　　　　　　　　　——丙产品　　38 350

第三节　简化分批法

一、简化分批法的概念及其适用范围

在小批或单件生产的企业里，订单多、生产周期长，而实际每月完工的订单并不多。在这种情况下，如果对于当月发生的各种生产费用，不论当月生产的各批产品月末是否完工，都要在各批产品之间分配计算，那么费用分配和登记的工作将极为繁重。在此情况下，为简化成本核算工作，可采用简化分批法计算产品成本。即不分批计算在产品成本分批法。

简化分批法广泛应用于同一月份内投产的产品批数很多，月末未完工的产品批数也很多，且每月间接费用相差悬殊不大的企业或车间。如机械制造厂或修配厂等。如果每月间接费用水平悬殊时，采用这种方法就会出现各月间接计入费用以高补低的不合理现象，影响到各月成本计算的准确性。

二、简化分批法的特点

简化分批法与一般分批法对比，具有以下特点：

1. 必须设立基本生产成本二级账

设立基本生产成本二级账，是简化分批法区别于其他成本计算方法的一个主要特点。其作用在于按月提供全批产品的累计生产费用（按成本项目）和累计生产工时。在有完工产品的月份按累计生产工时比例，计算累计间接费用分配率和完工产品负担的间接费用。因此，简化分批法也叫累计间接费用分配法。

2. 利用累计间接费用分配率横向和纵向分配生产费用

每月发生的人工费用和制造费用等间接费用不是按月在各批产品之间分配，而是累加起来，直到产品完工的那个月份，再按照完工产品累计生产工时比例，在各批完工产品之间再进行分配。间接费用分配率计算公式如下：

$$\text{全部产品累计间接计入的费用分配率}=\frac{\text{全部产品累计间接计入费用}}{\text{全部产品累计工时}}$$

$$\text{某批产品完工应负担的间接计入费用}=\text{该批完工产品累计工时}\times\text{全部产品累计间接计入的费用分配率}$$

各项间接费用分配率，既是各批完工产品之间分配费用的依据，也是完工批别与在产品批别之间分配费用的依据，还是同批产品内完工部分和在产品部分的分配依据；而且产品完工前不分配，只在有完工产品的月份，根据一个分配率，分别横向、纵向分配费用，简化了成本计算工作。

3. 不分批计算在产品成本

计算出完工产品负担的费用后，将完工产品成本从基本生产成本二级账转到各基本生产成本明细账上，基本生产成本二级账反映全部批次月末在产品总成本，基本生产成本明细账仍只反映在产品的直接费用和生产工时，不反映在产品成本。所以，这种方法又称为不分批计算在产品成本法。

三、简化分批法的计算程序

1. 开设基本生产成本二级账，并按产品批别设置基本生产成本明细账

采用简化分批法时，仍按产品批别设置基本生产成本明细账（或成本计算单），按成本项目和生产工时分设专栏。此外，设置基本生产成本二级账，也按成本项目和生产工时分设专栏。在产品完工以前的月份，基本生产成本明细账内只按月登记直接计入费用（如原材料费用）和生产工时。对每月发生的应由各批产品共同负担的直接工资和制造费用等间接费用，则不需按月分配，而是分成本项目登记在基本生产成本二级账上。

2. 月末有完工产品时，计算累计间接费用分配率，计算完工产品应分配的间接费用

在有完工产品的月份，把各项间接费用分别累加起来，按上述公式计算出各项间接费用分配率，分别登记在基本生产成本二级账和基本生产成本明细账上。

3. 计算并结转完工产品成本

根据间接费用分配率计算出各批完工产品成本，将完工产品成本从基本生产成本二级账转到各基本生产成本明细账上。

以上程序如图 6－2 所示。

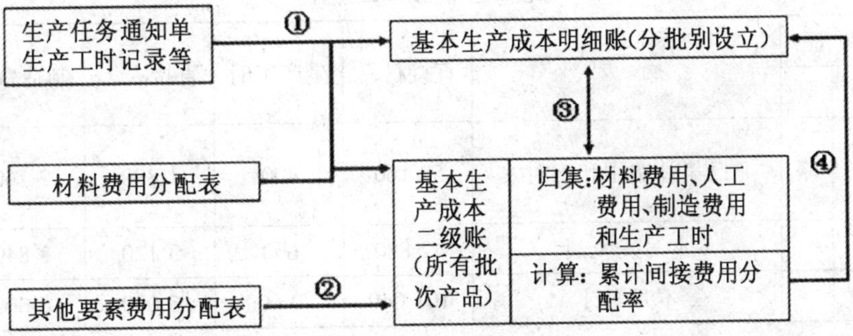

说明：

①根据“生产任务通知单”设立多张基本生产成本明细账和一张基本生产成本二级账，根据材料费用分配表和生产工时记录等将各批别耗用的材料费和耗用工时计入各成本明细账和二级账；

②根据“其他要素费用分配表”，将人工费用和制造费用等计入“基本生产成本二级账”；

③月终，将二级账中的直接材料费用和生产工时与成本明细账中直接材料费用和生产工时核对；

④月终，如有完工产品，计算累计间接费用分配率，并据此分配间接费用，登记“基本生产成本明细账”。

四、简化分批法的应用举例

案例6－2：产品成本计算简化的分批法

【企业概况】假定新兴企业小批生产多种产品，产品批数多。为了简化核算，采用简化分批法计算各批次产品成本。该企业2013年4月份共有批号103、206、309三个订单的产品投产。

【生产情况】各批产品的生产情况见表6－7：

产品批号	产品名称	计划产量	投产日期	完工日期
103	球磨机	10	3月10日	4月20日
206	搅拌机	5	3月15日	
309	粉碎机	4	4月5日	

【费用资料】月初在产品成本、本月发生的生产费用、生产工时见表6－8。

产品批号	产品名称	月初在产品成本		本月发生	
		直接材料	累计生产工时	直接材料	工 时
103	球磨机	44 560	320	2 640	200
206	搅拌机	13 600	80	13 600	320
309	粉碎机			30 000	80

间接计入费用：月初在产品的直接人工和制造费用分别为1 880元和2 160元，本月发生的直接人工和制造费用分别为3 120元和3 840元。

【核算要求】采用简化分批法计算以上三批产品的成本。

表6－9

基本生产成本二级账

2013年		凭证		摘 要	直接材料	生产工时	直接人工	制造费用	合 计
月	日	字	号						
3	31	略	略	已累计费用和工时	58 160	400	1 880	2 160	62 200
4	30			本月发生额	42 880	600	3 120	3 840	49 840
	31			本月累计	101 040	10 000	5 000	6 000	112 040

续表

	31			间接费用分配率			5	6	
				转出完工产品成本	47 200	520	2 600	3 120	52 920
				月末在产品成本	53 840	480	2 400	2 880	59 120

表 6－10　　基本生产成本明细账

产品批号:103　　投产日期:2013 年 3 月 10 日

产品名称:球磨机　　产品批量:10 台　　完工日期:2013 年 4 月 20 日　　单位:元

2013 年		凭证		摘要	直接材料	生产工时	直接人工	制造费用	合计
月	日	字	号						
3	31	略	略	本月发生	44 560	320			
4	30			本月发生	2 640	200			
	30			本月累计	47 200	520			
	30			间接费用分配率			5	6	
	30			转出完工产品成本	47 200		9 200	18 600	47 800
				完工产品单位成本	4 000		1 840	3 720	9 560

(1)分配直接人工费用。

直接人工累计分配率 =(1 880 +3 120) ÷(400 +600) =5

103 批别应负担的直接人工 =520 ×5 =2 600(元)

(2)分配制造费用。

制造费用累计分配率 =(2 160 +3 840) ÷(400 +600) =6

103 批别应负担的制造费用 =520 ×6 =3 120(元)

表 6－11　　基本生产成本明细账

产品批号:206　　投产日期:2013 年 3 月 15 日

产品名称:搅拌机　　产品批量:5 台　　完工日期:　　单位:元

2013 年		凭证		摘要	直接材料	生产工时	直接人工	制造费用	合计
月	日	字	号						
3	31	略	略	本月发生	13 600	80			13 600
4	30			本月发生	10 240	320			10 240

表 6－12　　基本生产成本明细账

产品批号:309　　投产日期:2013 年 4 月 5 日

产品名称:粉碎机　　产品批量:4 台　　完工日期:　　单位:元

2013 年		凭证		摘要	直接材料	生产工时	直接人工	制造费用	合计
月	日	字	号						
4	30	略	略	本月发生	30 000	80			30 000

【想一想】简化分批法与一般分批法有何不同?

【本章小结】

分批法
- 一般分批法
  - 批内产品同时完工
  - 批内产品跨月陆续完工
- 简化分批法。

分批法
- 成本计算对象——产品的批别或定单
- 成本计算期——不固定，与生产周期一致，与会计报告期不一致
- 生产费用
  - 一般不需在完工产品和月末在产品之间分配生产费用
  - 批内产品跨月陆续完工时，需在完工产品和月末在产品之间分配

如果月份内投产的批数较多，而且月末未完工的产品批数也很多时，可采用简化分批法

【复习思考题】

1. 什么是分批法？适用于哪些企业？
2. 分批法有什么特点？
3. 试述分批法的成本计算程序。
4. 什么是简化分批法？有何特点？
5. 简述简化分批法下基本生产成本二级账的作用。

第七章　产品成本计算的分步法

【学习目标】

★知识目标：

· 掌握分步法的概念、特点和适用范围

· 熟悉分步法中各个步骤、各种费用归集和分配的方法及相应的账务处理

· 掌握逐步结转分步法的适用范围和基本特点

· 掌握综合结转法的意义和计算程序，掌握成本还原的基本方法

· 掌握分项结转法的意义和计算程序

· 掌握平行结转分步法的意义和计算程序，明确其适用范围

★能力目标：

· 能够运用产品成本计算的分步法的原理，结合工业企业成本核算的实际，设计具体成本计算程序，熟练地计算产品成本，并做出相应的账务处理。

案例导入

宏达棉纺织公司生产各种花布，原材料是棉花，生产过程主要经过3个步骤：(1)纺纱；(2)织布；(3)印染。生产过程为：一车间负责将原材料棉花加工成棉纱，然后将半成品棉纱转移至二车间继续加工，二车间再将棉纱加工成胚布，然后将半成品胚布转移至三车间继续加工，三车间再将二车间加工出来的胚布进行染色，最终生产出各种颜色、各种图案的花布，形成产成品对外销售。该公司根据产成品的成本和市场情况，确定产成品花布的销售价格。现有一企业向该公司订购10吨半成品棉纱，出价24万元，该公司是否应该接这笔业务呢？

公司在决策时，在了解棉纱的市场行情后，确定不影响正常生产计划的前提下，仍无法决策，其根本的问题就是判断不了对企业是否有利，该公司半成品棉纱的成本是多少？利润有多大？后经财务部分析计算得知，10吨棉纱的制造成本（包括料、工、费等合计）是12万元，而如果将10吨棉纱加工成布匹，最终售价为36万元，但还需追加投入加工成本15万元。于是，公司果断决定，接下了这笔业务。

对于多步骤生产的企业，因管理的需要不仅要提供最终产成品的成本，还要提供各品种各步骤的半成品的成本，那么，成本应该怎么计算呢？

第一节　分步法概述

一、分步法概念及其适用范围

产品成本计算的分步法，是按照产品的品种及其所经过的生产步骤作为成本核算对象来归集生产费用、计算产品成本的一种方法。它主要适用于大量、大批多步骤生产的企业，例如纺织、造纸、冶金、水泥、化工、机器制造工业等等。在这些企业中，产品生产可以分为若干个生产步骤进行。例如，纺织企业的生产可分为纺纱、织布等步骤；造纸厂的生产可分为制浆、制纸等步骤；冶金企业的生产可分为炼铁、炼钢、轧钢等步骤；机器制造企业的生产可分为铸造、加工、装配等步骤。在连续式复杂生产的企业中，生产步骤是可以间断的，而其工艺过程又是由各个连续的若干生产步骤所组成，每经过一个生产步骤（最后一个生产步骤除外）生产出不同的半成品，这些半成品都是下一加工步骤的加工对象。为了加强成本管理，不仅要求按照产品品种归集生产费用，计算产品成本，而且要求按照产品的生产步骤归集生产费用，计算各步骤产品成本，以提供各种产品及其各生产步骤成本计划执行情况的资料。

二、分步法的特点

（一）以产品的品种及所经生产步骤作为成本计算对象

分步法的成本计算对象是各种产品的生产步骤。因此，在计算产品成本时，应按照产品的生产步骤设立产品成本明细账（产品成本计算单）。如果只生产一种产品，成本计算对象就是该种产品及其所经生产步骤，产品生产成本明细账应当按照生产步骤设立；如果生产多种产品，成本计算对象则是各种产品成本及其所经过的生产步骤，产品生产成本明细账应当按照生产步骤分产品品种开立。

企业各种产品发生的直接材料费用、直接人工费用和其他直接费用，凡能直接计入各种成本计算对象的，应当直接计入按成本计算对象设立的产品生产成本明细账；不能直接计入各种成本计算对象的，应当先按生产步骤归集，月末再按一定的标准分配计入各成本计算对象的产品生产成本明细账。企业发生的制造费用，应当先按生产单位归集，月末再直接计入或者分配计入各成本计算对象的产品生产成本明细账。

应当指出，分步法中作为成本计算对象的生产步骤，是按照企业成本管理要求来划分的。它与产品的实际生产步骤可能一致，也可能不一致。在大量大批多步骤生产企业中，生产单位一般是按照生产步骤设立的，生产单位为了加强成本管理，也要求按照生产单位来归集生产费用，计算产品成本。因此，分步骤计算成本一般也就是分生产单位计算成本。但是，当一个生产单位的规模比较大，生产单位内包含几个生产步骤，而企业成本管理上又要求在生产单位内部再分生产步骤计算成本时，成本计算对象中的生产步骤就不应当是生产单位，而是生产单位内部的生产步骤。此为，为了简化成本核算，按照企业成本管理的要求，也可以将几个生产步骤或几个生产车间合并为一个成本计算对象，来归集生产费用，计算生产步骤的成本。因此，采用分步法计算产品成本，应当根据企业生产特点和成本管理的要求，本着既要加强成本管理，又要简化成本核算的原则，合理确定作为成本计算对象的生产步骤。

(二)成本计算期按月进行，与产品生产周期不一致

大批大量多步骤生产的企业，生产过程是可以间断的，生产活动是持续不断地进行的，即不断地投入和产出，致使每月都有大量完工产品。因而，成本的计算定期地在各月末进行，成本计算期与会计报告期一致，与生产周期不一致。

(三)生产费用在完工产品和在产品之间进行分配

在大批大量多步骤生产的企业，每月都有大量完工产品，同时也经常存在未完工的在产品。所以，在月末计算产品成本时，各步骤都需要采用适当的分配方法，将归集在各生产成本明细账中的生产费用，在完工产品与在产品之间进行分配。

(四)各生产步骤之间进行成本的结转

由于产品生产是分步骤进行的，上一步骤生产的半成品(或零部件)是下一步骤加工(或装配)的对象。为了计算各种产品成本，还需要按照产品品种，结转各步骤成本。也就是说，与其他成本计算方法不同，在采用分步法计算产品成本时，在各步骤之间还有个成本结转问题。这是分步法的一个重要特点。

由于各个企业生产工艺过程特点和成本管理对各生产步骤成本、资料要求不同(即是否计算各种半成品成本)和简化成本计算工作的需要，分步法又分为逐步结转分步法和平行结转分步法。

第二节　逐步结转分步法

一、逐步结转分步法概述

(一)逐步结转分步法及其适用范围

逐步结转分步法是按照生产步骤逐步计算并结转半成品成本，前一步骤的半成品成本，随着半成品实物的转移而结转到后一步骤的产品成本中，直到最后步骤累计计算出产成品成本的一种成本计算方法。该方法的显著特点是能够提供各步骤完整的半成品成本资料，因此，此方法亦称“计算半成品成本的分步法”。

逐步结转分步法适用于半成品能对外销售、半成品具有独立经济意义、管理上需要提供各个生产步骤半成品成本资料的大量大批多步骤生产的企业。例如，有些企业各生产步骤所产的半成品不仅由本企业进一步加工，而且还经常作为商品产品对外销售，为了计算外售半成品的成本，全面地考核和分析商品产品成本计划的执行情况，就要计算这些半成品的成本。如钢铁企业的生铁、钢锭，纺织企业的棉纱就是如此;有的半成品虽然不一定外售，但要进行同行业成本的评比，因而也要计算这种半成品的成本。如作为化肥工业成本评比重要指标之一的半成品合成氨就是如此;还有的半成品，为本企业几种产品所耗用，为了分别计算各种产品的成本，也要计算这些半成品的成本，如造纸业所产的纸浆、机械企业所产的铸件就是如此。

(二)逐步结转分步法的成本计算程序

在逐步结转分步法下，各步骤完工转出的半成品成本，应该从各该步骤的生产成本明细账(产品成本计算单，下同)中转出;各步骤领用的半成品成本，构成各该步骤的一项费用，计入各该步骤的生产成本明细账中。以便逐步计算各步骤的半成品成本和最后步骤的产成品成本。一般来说逐步结转分步法的成本计算程序为:首先按照产品品种和生产步骤设置成本

明细账，账内按成本项目设置专栏；其次按照前述品种法下费用归集和分配的程序，编制各种费用分配表，并据以登记各步骤生产成本明细账。同时将第一步骤所归集的费用采用适当方法在完工半成品与在产品之间进行分配，计算出第一步骤完工半成品和在产品成本。再次，将第一步骤所产半成品成本转入第二步骤直接材料或半成品成本项目中，转入的半成品成本加上第二步骤本月发生的费用，将费用合计数在完工半成品和在产品之间进行分配，计算出第二步骤半成品和在产品成本，以此类推，直到最后一个步骤，计算出完工产品成本。

具体来讲，逐步结转分步法的计算程序取决于半成品实物的流转程序。如果半成品完工后，不通过半成品库收发，而为下一步骤直接领用，半成品成本就在各步骤的产品成本明细账之间直接结转（如图7－1），不必编制结转半成品成本的会计分录。如果半成品完工后，不为下一步骤直接领用，而要通过半成品库收发（如图7－2），则应编制结转半成品成本的会计分录；验收入库时，借记“自制半成品”科目，贷记“基本生产成本”科目；在下一步骤领用时，再编制相反的会计分录。

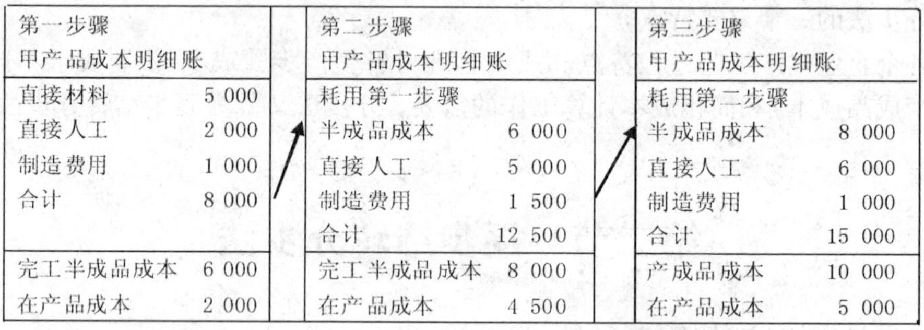

图7－1　逐步结转分步法成本计算程序图（不通过半成品库收发）

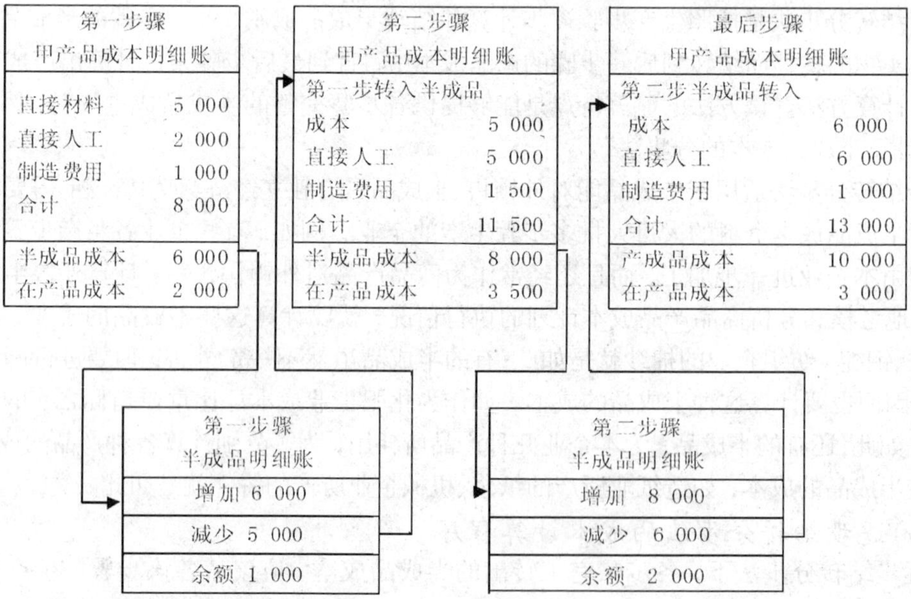

图7－2　逐步结转分步法成本计算程序图（通过半成品库收发）

从图7－1、7－2的核算程序图中可以看出，采用逐步结转分步法，每月月末，各项生产费用(包括所耗上一步骤半成品成本)在各步骤产品成本明细账中归集以后，如果该步骤既有完工的半成品(最后步骤为产成品)，又有正在加工中的在产品，为了计算完工半成品(最后步骤为产成品)成本，还应将各步骤归集的生产费用，采用适当的分配方法，在完工半成品(最后步骤为产成品)与正在加工中的在产品之间进行分配，然后通过半成品的逐步结转，在最后一步骤的产品成本明细账中，计算出完工产品成本。

从以上所述可以看出，逐步结转分步法实际上就是品种法的多次连续应用。即在采用品种法计算上一步骤的半成品成本以后，按照下一步骤的耗用数量转入下一步骤成本；下一步骤再一次采用品种法归集所耗半成品的费用和本步骤其他费用，计算其半成品成本；如此逐步结转，直至最后一个步骤计算出产成品成本。

(三)半成品成本结转的方式

采用逐步结转分步法，按照半成品成本在下一步骤产品成本明细账中的反映方法不同，分为综合结转分步法和分项结转分步法。

二、逐步结转分步法的综合结转法

(一)综合结转法及其应用

综合结转法是将上一步骤半成品成本向下一步骤生产成本明细账中结转时，不分成本项目，而是以半成品总成本，登记在下一步骤生产成本明细账中的“直接材料”(或专设的“自制半成品”)成本项目专栏。半成品成本的综合结转可以按实际成本结转，也可以按计划成本结转。因此，综合结转分步法可分为按实际成本综合结转法和按计划成本综合结转法。(这里只讲述按实际成本综合结转分步法。)

半成品按实际成本综合结转，是指上一步骤生产完工的半成品成本在结转到下一步骤时，按照上一步骤半成品成本计算单确定的实际成本，综合计入下一步骤产品成本单中的“半成品”(或直接材料)成本项目。

本步骤所耗上一步骤半成品成本根据本步骤所耗上一步骤半成品数量乘以上一步骤半成品的实际单位成本计算。

由于各月所产半成品的单位成本不完全相同，应采用先进先出法，全月一次加权平均法等计价方法计算其所领用上一步骤的完工半成品实际单位成本。

[例7-1]新兴公司生产的甲产品经过三个基本生产车间连续加工制成，第一车间生产完工的A半成品，不经过仓库收发，直接转入第二车间加工制成B半成品，B半成品通过仓库收发入库，三车间向半成品仓库领用B半成品继续加工成甲产品。其中，1件甲产品耗用1件B半成品，1件B半成品耗用1件A半成品。

生产甲产品所需原材料于第一车间生产开始时一次投入，第二、第三车间不再投入材料。此外，该公司由于生产比较均衡，各基本生产车间的月末在产品完工率均为50%。

各车间的生产费用在完工产品和在产品之间的分配，采用约当产量法。三车间领用的B半成品成本结转，采用加权平均法进行计算半成品的单位成本。月初B半成品数量20件，单位成本195件，共计3 900元。

2013年9月生产甲产品的有关成本计算资料如下：

(1)本月各车间产量资料如下，见表7-1。

表 7-1　　各车间产量资料表　　单位:件

摘要	第一车间	第二车间	第三车间
月初在产品数量	50	20	40
本月投入数量或上步转入	150	160	80
本月完工产品数量	160	100	100
月末在产品数量	40	80	20

(2)各车间月初及本月费用资料如下，见表 7-2。

表 7-2　　各车间月初及本月费用表　　单位:元

摘要		直接材料	半成品	直接人工	制造费用	合计
第一车间	月初在产品成本	2 000		200	100	2 300
	本月的生产费用	18 000		2 000	2 500	22 500
第二车间	月初在产品成本		5 000	400	200	5 600
	本月的生产费用			3 500	4 500	8 000
第三车间	月初在产品成本		6 000	300	200	6 500
	本月的生产费用			4 500	2 500	7 000

根据上述资料，编制各步骤成本计算单，采用综合结转法计算各步骤半成品成本及产成品成本。计算过程如下:

(1)编制第一车间的成本计算单，计算第一车间的 A 半成品的实际生产成本，见表 7-3。

表 7-3　　产品成本计算单

产品名称:A 半成品　　车间:第一车间　　单位:元

摘要	直接材料	直接人工	制造费用	合计
月初在产品成本	2 000	200	100	2 300
本月发生的生产费用	18 000	2 000	2 500	22 500
生产费用合计	20 000	2 200	2 600	24 800
在产品的数量	40	40	40	
在产品的约当产量	40	20	20	
完工 A 半成品数量	160	160	160	
约当总产量	200	180	180	
分配率(单位成本)	100	12.22	14.44	126.66
完工的 A 半成品的生产成本	16 000	1 955.2	2 310.4	20 265.6
月末在产品成本	4 000	244.8	289.6	4 534.4

备注:直接材料的约当产量合计 = 160 + 40 = 200(件);直接人工、制造费用的约当产量合计 = 160 + 40 × 50% = 180(件)

(2)编制第二车间的成本计算单，计算第二车间的 B 半成品的实际生产成本，见表 7-4。

表 7-4 产品成本计算单

产品名称:B 半成品　　车间:第二车间　　单位:元

摘要	直接材料	直接人工	制造费用	合计
月初在产品成本	5 000	400	200	5 600
本月发生的生产费用	20 265.6	3 500	4 500	28 265.6
生产费用合计	25 265.6	3 900	4 700	33 865.6
在产品的数量	80	80	80	
在产品的约当产量	80	40	40	
完工 B 半成品数量	100	100	100	
约当总产量	180	140	140	
分配率(单位成本)	140.36	27.86	33.57	201.79
完工的 B 半成品的生产成本	14 036	2786	3357	20 179
月末在产品成本	11 229.6	1 114	1 343	13 686.6

备注:自制半成品的约当产量合计 = 100 + 80 = 180(件);直接人工、制造费用的约当产量合计 = 100 + 80 × 50% = 140(件)

根据表 7-4 的计算结果，编制相应的会计分录:

借:自制半成品——B 半成品　　20 179

　贷:基本生产成本——第二车间(B 半成品)　　20 179

(3)登记 B 半成品明细账并计算第三车间领用 B 半成品的实际成本，见表 7-5。该企业采用加权平均法计算领用 B 半成品成本。

表 7-5 自制半成品明细账

产品名称:B 半成品　　2013 年　　单位:元

2013 年		凭证	摘要	收入			发出			结存		
月	日			数量	单价	金额	数量	单价	金额	数量	单价	金额
8	31		合计							20	195	3 900
9	30	略	入库	100	201.79	20179						
	30		出库				80	200.66	16 052.8			
	30		合计	100	201.79	20 179	80	200.66	16 052.8	40	200.66	8 026.2

根据表 7-5 的计算结果，编制第三车间领用 B 半成品的会计分录:

借:基本生产成本——第三车间　　16 052.8

　贷:自制半成品——B 半成品　　16 052.8

上述会计分录应计入自制半成品明细账 7-5 和第三车间的成本计算单内(表 7-6)。

(4)编制第三车间的成本计算单，计算甲产品的生产成本，见表 7-6。

表 7－6 产品成本计算单

产品名称:甲成品 车间:第三车间 单位:元

摘要	直接材料	直接人工	制造费用	合计
月初在产品成本	6 000	300	200	6 500
本月发生的生产费用	16 052.8	4 500	4 500	23 052.80
生产费用合计	22 052.6	4 800	4 700	29 552.80
在产品的数量	20	20	20	
在产品的约当产量	20	10	10	
完工甲产品数量	100	100	100	
约当总产量	120	110	110	
分配率(单位成本)	183.77	43.64	24.55	251.96
完工的甲产品的生产成本	18 377	4 364	2 455	25 196
月末在产品成本	3 675.80	436	245	4 356.80

备注:自制半成品的约当产量合计＝100＋20＝120(件);直接人工、制造费用的约当产量合计＝100＋20×50%＝110(件)

根据表 7－6 的计算结果和产成品的入库单，编制相应的会计分录:

借:库存商品——甲产品 25 196

  贷:基本生产成本——第三车间 25 196

(二)综合结转法的成本还原

1. 成本还原的意义

逐步结转分步法采用半成品成本综合结转方式时，上一生产步骤转入的自制半成品成本，综合登记在本步骤产品生产成本明细账中的“半成品”(或“直接材料”)成本项目。综合结转法虽然可以简化成本核算工作，但是在最后生产步骤计算出的产品成本中，除了本步骤发生的加工费用是按原始成本项目反映外，前面各步骤发生的各种费用都集中在“半成品”一个成本项目中。例如，表 7－6 计算出甲产品实际总成本为 25 196 元，表中的各个成本项目的数据，没能真实地反映出甲产品成本的原始构成情况。“半成品”的 18 377 元不是生产 100 件甲产品所耗的真正的材料成本，而是含着前面两个步骤的直接人工和制造费用的综合性成本;表 7－5 中“直接人工”4 364 元和“制造费用”2 455 元，也只是甲产品发生在第三个步骤的直接人工和制造费用。也就是说，由于半成品成本的综合成本不能提供完工产品按原始成本项目反映的成本资料，不利于从整个企业的角度来考核和分析产品成本的构成。为了能够从整个企业的角度来分析和考核产成品成本的构成，寻求降低产品成本的途径，必须对产成品成本中“自制半成品”项目的成本进行还原，以反映产成品原始构成的实际情况。

成本还原是指在综合结转法下，将产品成本中所耗用上一步骤半成品的综合成本，从最后步骤起向前逐步分解还原为直接材料、直接人工和制造费用等原始成本项目，从而取得按原始成本项目反映的产成品成本资料。

2. 成本还原的方法

成本还原是按照反工艺顺序进行的，即从最后一个生产步骤开始，将其所耗用的上一生产步骤自制半成品的综合成本，按照上一生产步骤所产半成品的成本构成，分解还原为原来成本项目的成本，直到第一个生产步骤；然后，将各生产步骤相同成本项目的成本数额加以汇总，就可以求得成本还原以后产成品的实际总成本，即按原始成本项目反映的产成品实际总成本。这一实际总成本与成本还原前产成品的实际总成本一定是相等的。也就是说，成本还原恢复了产成品成本的原始构成情况，但不会增加或减少产成品的实际总成本。成本还原的具体方法，有项目比重还原法和成本还原分配率还原法。下面主要介绍成本还原分配率还原法。

成本还原分配率法是按照本月完工产品所耗上步骤半成品费用占本月所产该种半成品总成本的比例（即成本还原分配率）进行成本还原。具体的计算程序如下：

（1）计算成本还原分配率

成本还原分配率，是本月产成品所耗上一步骤半成品费用与该步骤本月所产半成品成本的比率，用公式表示为：

$$\text{成本还原分配率}=\frac{\text{本月产成品所耗上一步骤半成品费用}}{\text{本月所产该种半成品综合成本}}$$

（2）计算半成品各成本项目还原值

$$\text{半成品某成本项目还原值}=\frac{\text{上步骤完工半成品}}{\text{该成本项目金额}}\times\text{成本还原分配率}$$

（3）计算产成品还原后各成本项目金额

在成本还原的基础上，将各步骤还原前和还原后相同的成本项目金额相加，即可计算出产成品还原后各成本项目金额，从而取得按原始成本项目反映的产成品成本资料。成本还原一般是通过成本还原计算表进行的。

［例 7－2］沿用［例 7－1］的资料，根据表 7－1 和 7－2 等资料编制甲产品成本还原计算表如表 7－7 所示。

表 7－7　　　　**产品成本还原计算表**

产品名称：甲成品　　　　**产量：100 件**

行次	项目	还原分配率	B 半成品	A 半成品	直接材料	直接人工	制造费用	合计
1	还原前甲产品总成本		18 377			4 364	2 455	25 196
2	B 半成品成本			14 036		2 786	3 357	20 179
3	第一次成本还原	0.910 699	－18 377	12 782.57		2 537.21	3 057.22	0
4	A 半成品成本				16 000	1 955.20	2 310.40	20 265.60
5	第二次成本还原	0.630 752		－12 782.57	10 092.03	1 233.25	1 457.29	0

续表

6	还原后甲产品总成本				10 092.03	8 134.46	6 969.51	25 196
7	甲产品单位成本				100.92	81.34	69.7	251.96

(1)第一次成本还原

本月所产甲产品总成本中，所耗上一步骤(第二车间)所产B半成品的成本为18 377元，第二车间本月所产B半成品的总成本为20 179元，则第一次的B半成品成本还原分配计算如下：

第一还原分配率 = 18 377 ÷ 20 179 = 0.910 699

甲产品所耗B半成品直接材料成本项目还原后成本 = 14 036 × 0.910 699 = 12 782.57(元)

甲产品所耗B半成品直接人工成本项目还原后成本 = 2 786 × 0.910 699 = 2 537.21(元)

甲产品所耗B半成品制造费用成本项目还原后成本 = 3 357 × 0.910 699 = 3 057.22(元)

甲产品所耗B半成品还原后成本合计:12 782.57 + 2 537.21 + 3 057.22 = 18 377(元)

(2)第二次成本还原

用计算出的A半成品成本还原分配率，分别乘以第一车间本月所产A半成品成本中各成本项目的费用，就可以求得产成品成本中A半成品项目(12 782.57)还原以后的成本。

第一还原分配率 = 12 782.57 ÷ 20 265.60 = 0.630 752

B半成品所耗A半成品直接材料成本项目还原后成本 = 16 000 × 0.630 752 = 10 092.03(元)

B半成品所耗A半成品直接人工成本项目还原后成本 = 1 955.20 × 0.630 752 = 1 233.25(元)

B半成品所耗A半成品制造费用成本项目还原后成本 = 2 310.40 × 0.630 752 = 1 457.29(元)

B半成品所耗还原后成本合计:10 092.03 + 1 233.25 + 1 457.29 = 12 782.57(元)

(3)计算还原后的总成本和单位成本

将成本还原以前和还原以后相同成本项目的成本汇总，就可以求得甲产品还原以后的总成本和单位成本。

甲产品直接材料项目还原后总成本 = 10 092.03(元)

甲产品直接人工项目还原后总成本 = 4 364 + 2 537.21 + 1 233.25 = 8 134.46(元)

甲产品制造费用项目还原后总成本 = 2 455 + 3 057.22 + 1 457.29 = 6 969.51(元)

甲产品还原后总成本合计 = 10 092.03 + 8 134.46 + 6 969.51 = 25 196(元)

按照上述方法进行成本还原比较简单，但由于未考虑以前月份所产半成品成本结构的影响，在各月所产半成品的成本结构变化较大的情况下，采用这种方法进行成本还原会产生误差。如果企业有半成品的定额成本或计划成本并较准确，可以按半成品的定额成本或计划成本的成本结构进行还原。

采用综合结转法逐步结转半成品成本，便于分析和考核各步骤所耗半成品费用水平，以利用加强内部成本控制，努力减低成本。但还原工作量较大。因此，一般适用于管理上既要求单独计算各步骤所耗半成品费用又不要求成本还原的情况。

三、逐步结转分步法的分项结转法

分项结转法是将各生产步骤所耗上一步骤半成品费用，按照成本项目分项转入该步骤产品成本明细账中相应的成本项目。如果半成品通过仓库收发，那么在自制半成品明细账中登记半成品成本时，也要按照成本项目分别登记。

采用分项结转法结转半成品成本可以直接、准确地提供按原始成本项目反映的企业产品成本资料，便于从整个企业的角度考核和分析产品成本计划的执行情况，不需用进行成本还原。但是，不利于对各步骤完工产品进行成本分析。

这种方法一般适用于管理上只要求按原始成本项目计算产品成本，不要求计算各步骤完工产品所耗半成品费用和本步骤加工费用的企业。

分项结转既可以按半成品实际单位成本结转，也可以按其计划成本结转。在按计划成本结转时，要分成本项目调整成本差异，因而计算工作量较大。实际工作中，一般按实际成本分项结转。下面举例讲解。

[例 7－3]以上述[例 7－1]的资料为例，说明分项结转法的成本计算方法。对各车间月初及本月费用资料和月初 B 半成品库存数量和成本资料整理如下，其余的资料与[例 7－1]相同。

(1)各车间月初及本月费用资料，见表 7－8。

表 7－8　　各车间月初及本月费用表

单位：元

摘要		直接材料	半成品	直接人工	制造费用	合计
第一车间	月初在产品成本	2 000		200	100	2 300
	本月的生产费用	18 000		2 000	2 500	22 500
第二车间	月初在产品成本		5 000	400	200	5 600
	本月的生产费用			3 500	4 500	8 000
第三车间	月初在产品成本		6 000	300	200	6 500
	本月的生产费用			4 500	2 500	7 000

(2)月初 B 半成品结存 20 件，单位成本 195 元，实际生产成本 3 900 元；其中：直接材料 2 500 元，直接人工 500 元，制造费用 900 元。

根据上述资料，编制各车间的有关成本计算单如下：

(1)编制第一车间的成本计算单，计算第一车间的 A 半成品的实际生产成本，见表 7－9。

表 7-9　　产品成本计算单

产品名称:A 半成品　　车间:第一车间　　单位:元

摘要	直接材料	直接人工	制造费用	合计
月初在产品成本	2 000	200	100	2 300
本月发生的生产费用	18 000	2 000	2 500	22 500
生产费用合计	20 000	2 200	2 600	24 800
在产品的数量	40	40	40	
在产品的约当产量	40	20	20	
完工 A 半成品数量	160	160	160	
约当总产量	200	180	180	
分配率(单位成本)	100	12.22	14.44	126.66
完工的 A 半成品的生产成本	16 000	1 955.2	2 310.4	20 265.6
月末在产品成本	4 000	244.8	289.6	4 534.4

备注:直接材料的约当产量合计 = 160 + 40 = 200(件);直接人工、制造费用的约当产量合计 = 160 + 40 × 50% = 180(件)

(2)编制第二车间的成本计算单,计算第二车间的 B 半成品的实际生产成本,见表 7-10。

表 7-10　　产品成本计算单

产品名称:B 半成品　　车间:第二车间　　单位:元

摘要	直接材料	直接人工	制造费用	合计
月初在产品成本	5 000	400	200	5 600
本月发生的生产费用		3 500	4 500	8 000
本月耗用上步骤半成品成本	16 000	1 955.2	2 310.4	20 265.6
生产费用合计	21 000	5 855.2	7 010.4	33 865.6
在产品的数量	80	80	80	
在产品的约当产量	80	40	40	
完工 B 半成品数量	100	100	100	
约当总产量	180	140	140	
分配率(单位成本)	116.67	41.82	50.07	208.56
完工的 B 半成品的生产成本	11 667	4 182	5 007	20 856
月末在产品成本	9 333	1 673.2	2 003.4	13 009.6

备注:自制半成品的约当产量合计 = 100 + 80 = 180(件);直接人工、制造费用的约当产量合计 = 100 + 80 × 50% = 140(件)

根据表 7-10 的计算结果,编制相应的会计分录:

借:自制半成品——B 半成品　　20 856

贷:基本生产成本——第二车间(B 半成品)　　20 856

(3)登记 B 半成品明细账并计算第三车间领用 B 半成品的实际成本，见表 7－11。该企业采用加权平均法计算领用 B 半成品成本。

表 7－11　　自制半成品明细账

产品名称:B 半成品　　2013 年　　单位:元

2013 年		摘要	数量/件	金额	成本项目		
月	日				直接材料	直接人工	制造费用
8	31	月初结存	20	3 900	2 500	500	900
9	30	本月第二车间交库	100	20 856	11 667	4 182	5 007
	30	本月累计	120	24 756	14 167	4 682	5 907
	30	单位成本		206.31	118.06	39.02	49.23
	30	第三车间领用	80	16 504.8	9 444.8	3 121.6	3 938.4
	30	月末结存		8 251.2	4 722.2	1 560.4	1 968.6

根据有关计算结果，编制第三车间领用 B 半成品的会计分录:

借:基本生产成本——第三车间　　3 938.4

贷:自制半成品——B 半成品　　3 938.4

上述会计分录应计入自制半成品明细账(7－11)和第三车间的成本计算单内(表 7－12)。

(4)编制第三车间的成本计算单，计算甲产品的生产成本，见表 7－12。

表 7－12　　产品成本计算单

产品名称:甲成品　　车间:第三车间　　单位:元

摘要	直接材料	直接人工	制造费用	合计
月初在产品成本	6 000	300	200	6 500
本月发生的生产费用		4 500	4 500	7 000
本月耗用上步骤半成品成本	9 444.8	3 121.6	3 938.4	16 504.8
生产费用合计	15 444.8	7 921.6	6 638.4	30 004.8
在产品的数量	20	20	20	
在产品的约当产量	20	10	10	
完工甲产品数量	100	100	100	
约当总产量	120	110	110	
分配率(单位成本)	128.71	72.01	60.35	261.07
完工的甲产品的生产成本	12 871	7 201	6 035	26 107
月末在产品成本	2 573.8	720.6	603.4	3 897.8

备注:自制半成品的约当产量合计 = 100 + 20 = 120(件)；直接人工、制造费用的约当产量合计 = 100 + 20 × 50% = 110(件)

根据表 7－12 的计算结果和产成品的入库单，编制相应的会计分录:

借：库存商品——甲产品　　26 107

　　贷：基本生产成本——第三车间　　26 107

第三节　平行结转分步法

一、平行结转分步法概述

（一）平行结转分步法及其适用范围

平行结转分步法，也称作不计算半成品成本的分步法，该方法是指在计算产品成本时，不计算各步骤所产半成品成本，也不计算各步骤所耗上一步骤半成品的费用，而只计算本步骤发生的各项其他费用以及这些费用中应计入产成品成本的份额，月末，将同一产品各步骤生产成本明细账中应计入产成品成本的份额平行汇总，即可计算出该种产品的产成品成本。

平行结转分步法主要适用于成本管理上要求分步骤归集费用，但不要求计算半成品成本的企业，特别是没有半成品对外销售的大量大批装配式多步骤生产企业。在这些企业中，从原材料的投入生产到产成品制成，是先由各生产步骤对各种原材料平行的进行加工，使之成为各种零件和部件（半成品），然后由总装车间（最后生产车间）装配成各种产成品。如果各生产步骤所产半成品的种类比较多，半成品对外销售的情况也很少，为了简化和加速成本核算工作，可以采用平行结转分步法。在某些连续式多步骤生产企业，如果各生产步骤所产半成品仅供本企业在下一步骤连续加工，不准备对外出售，也可以采用平行结转分步法。

（二）平行结转分步法主要特点

平行结转分步法的特点可概括为以下几点：

1. 各生产步骤不计算半成品成本。各生产步骤只归集本步骤发生的材料费用、人工费用和制造费用，不计算半成品成本。因此，不论半成品是否通过半成品仓库收发，均不通过“自制半成品”账户进行总分类核算，仅对自制半成品进行数量核算。

2. 各生产步骤之间只进行半成品实物转移，而不进行半成品成本的结转。在生产过程中，上一生产步骤半成品实物转入下一生产步骤继续加工时，自制半成品的成本不随实物转移而结转。某一步骤半成品完工后，虽然实物转入半成品仓库或直接转入下一步骤加工，但其费用仍停留在本步骤的“基本生产成本明细账”中，不转入“自制半成品明细账”或下一步骤“基本生产成本明细账”。

3. 采用这一方法，月末，将各生产步骤所归集的本步骤所发生的生产费用在完工产成品与广义在产品之间进行分配，计算各步骤应计入产成品成本的“份额”。这里的完工产品是指企业最后完工的产品。与此联系，这里的在产品是广义在产品。即指尚未产成的全部在产品和半成品。包括：尚在本步骤加工中的在产品即狭义在产品；本步骤已完工转入半成品库的半成品；已从半成品仓库转到以后各步骤进一步加工，尚未最后制成的半成品。因此这里的在产品费用，是指包括这三个部分的广义在产品的费用，其中后两部分的实物已经从本步骤转出，但它们在本步骤加工时所发生的费用仍停留在本步骤基本生产成本明细账中。

4. 将各生产步骤确定的应计入产成品的“份额”平行汇总，计算产成品的总成本。月末将各生产步骤计算的应计入产成品成本的生产费用“份额”相加汇总，即为完工产品的总成本，将完工产品总成本除以完工产品数量，即为完工产品的单位成本。

(三)平行结转分步法的成本计算程序

平行结转分步法的成本计算程序可以概括为以下几步：首先，按照生产步骤和产品品种开设基本生产成本明细账，按“直接材料”、“直接人工”、“制造费用”等成本项目设置专栏；其次，按照前述品种法费用归集和分配的程序，编制各种费用分配表，并据以登记各步骤基本生产成本明细账；再次，将各步骤基本生产成本明细账上所归集的生产费用，在产成品和广义在产品之间进行分配，计算出应计入产成品成本的份额；最后，将各步骤应计入产成品成本的份额，进行平行汇总，编制产成品成本计算单，以求得产成品的总成本和单位成本。如图7－3所示。

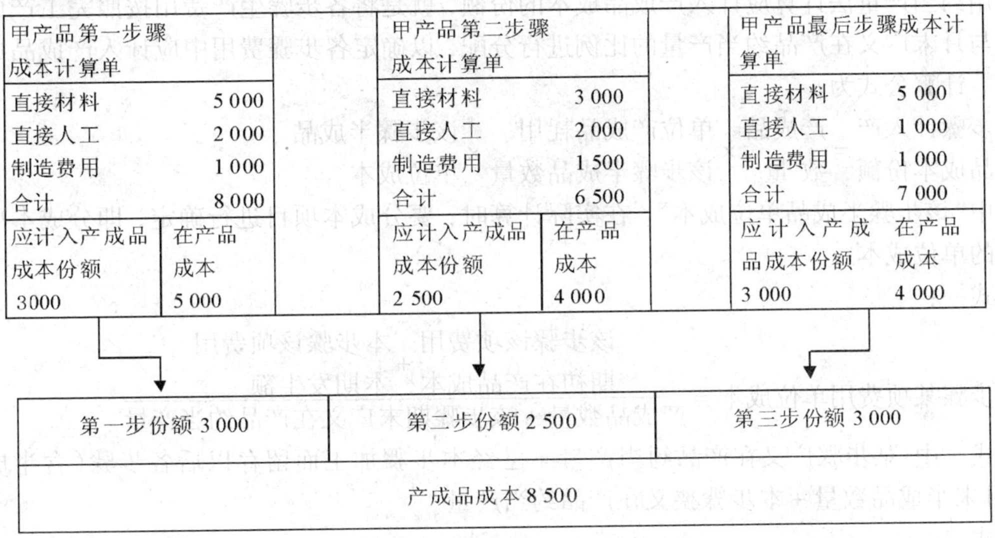

图7－3　平行结转分步法成本计算程序图

(四)各步骤费用应计入产成品成本份额的确定

正确确定各步骤生产费用中应计入产成品成本的份额，即正确地将每一生产步骤的生产费用在完工产成品和广义在产品之间进行分配，是应用这一方法的关键所在。在平行结转分步法下，通常采用约当产量法、定额比例分配法进行费用的分配，以确定各步骤费用中应计入产成品成本的份额。

1. 采用定额比例分配法计算应计入产成品成本的份额

采用定额比例分配法计算应计入产成品成本的份额，就是将各步骤生产费用按照完工产成品月月末广义在产品定额消耗量或定额费用的比例进行分配，以确定各生产步骤费用中应计入产成品成本的份额。其中原材料费用，按原材料的定额消耗量或定额费用的比例分配；人工费用和制造费用等加工费用，可以按各项定额费用的比例分配，也可按定额工时比例分配。由于这些加工费用的定额费用一般是根据定额工时乘以每小时的该费用定额计算，因而这些费用一般按定额工时比例分配。

某步骤应计入产成品成本的份额分配计算公式为：

$$\text{费用分配率}=\frac{\text{该步骤该项费用月初在产品成本}+\text{本步骤该项费用本月发生额}}{\text{完工产成品在该步骤的定额消耗量(费用)}+\text{月末该步骤广义在产品定额消耗量(费用)}}$$

由于广义在产品的实物分散在各个生产步骤和半成品仓库，具体的盘存、计算比较复杂，通常采用倒挤的方法计算。计算公式为：

月末广义在产品定额消耗量 = 月初在产品定额消耗量 + 本月投入产品定额消耗量 − 本月完工产成品定额消耗量

计入产成品成本的份额 = 完工产成品定额消耗量 × 费用分配率

2. 采用约当产量法计算应计入产成品成本的份额

采用约当产量法计算应计入产成品成本的份额，就是将各步骤生产费用按照完工产成品的数量与月末广义在产品约当产量的比例进行分配，以确定各步骤费用中应计入产成品成本的份额。计算公式为：

$$\text{某步骤计入产成品成本份额}=\text{产成品数量}\times\frac{\text{单位产成品耗用}}{\text{该步骤半成品数量}}\times\text{该步骤半成品单位成本}$$

其中“该步骤半成品单位成本”，在实际计算时，要分成本项目进行确定，即分成本项目计算它的单位成本。

公式一：

$$\text{某步骤某项费用单位成本}=\frac{\text{该步骤该项费用期初在产品成本}+\text{本步骤该项费用本期发生额}}{\text{产成品数量}+\text{该步骤期末广义在产品约当产量}}$$

公式一中：某步骤广义在产品约当产量 = 已经本步骤加工而留存以后各步骤（含半成品库）的月末半成品数量 + 本步骤狭义在产品约当产量

公式二：

$$\text{某步骤某项费用单位成本}=\frac{\text{该步骤该项费用期初在产品成本}+\text{本步骤该项费用本期发生额}}{\text{该步骤完工的半成品数量}+\text{该步骤期末广义在产品约当产量}}$$

公式二中：某步骤广义在产品约当产量 = 已经本步骤加工而留存以后各步骤（含半成品库）的月初半成品数量 + 本步骤狭义在产品约当产量

二、平行结转分步法应用

下面举例说明平行结转分步法的成本计算程序。

〔例 7－4〕某工业企业大量大批生产丙产品，顺序经过三个生产步骤，分设三个车间进行加工。原材料在第一车间生产开始时一次投入，在生产过程中第二车间单位产品耗用第一车间半成品 1 件，第三车间单位产品耗用第二车间半成品 1 件。该企业采用平行结转分步法计算产成品成本。月末在产品成本按约当产量法计算，在产品完工程度均为 50%。该企业丙产品本月产量及有关费用资料如表 7－13、7－14 所示。

表 7－13

产品产量资料

项　目	一车间	二车间	三车间	产成品
月初在产品	60	60	80	
本月投入（或上步骤转入）	200	220	210	
本月完工	220	210	230	230
月末在产品	40	70	60	

表 7－14

成本费用资料

项　目	车　间	直接材料（自制半成品）	直接人工	制造费用	合　计
月初在产品成本	一车间	150 000	22 000	17 000	189 000
	二车间		5 525	4 350	9 875
	三车间		6 360	5 540	11 900
本月发生费用	一车间	64 000	16 000	27 840	107 840
	二车间		16 900	19 700	36 600
	三车间		18 600	22 800	41 400

（1）根据上述资料，计算登记第一、二、三车间生产成本明细账，如表 7－15、7－16、7－17 所示。

表 7－15

基本生产成本明细账

产品名称：丙产品　　车间名称：第一车间　　完工产成品产量：230 件

项　目	直接材料	直接人工	制造费用	合　计
月初在产品成本	150 000	22 000	17 000	189 000
本月发生费用	64 000	16 000	27 840	107 840
费用合计	214 000	38 000	44 840	296 840
约当总产量	400	380	380	-
单位成本	535	100	118	753
计入产成品成本份额	123 050	23 000	27 140	173 190
月末在产品成本	90 950	15 000	17 700	123 650

表 7－15 中有关计算过程如下：

①直接材料项目约当总量 $=230+(60+70+40\times100\%)=230+170=400$（件）

$\text{或}=220+40\times100\%+60+80=400$（件）

其他项目约当总量 $=230+(60+70+40\times50\%)=230+150=380$（件）

$\text{或}=220+40\times50\%+60+80=380$（件）

②单位产品直接材料成本 $=\dfrac{214\ 000}{230+170}=535$（元/件）

单位产品直接人工成本 $=\dfrac{38\ 000}{230+150}=100$（元/件）

单位产品制造费用成本 $=\frac{44\ 840}{230+150}=118$（元/件）

③应计入产成品成本的份额：

直接材料成本份额 $=230\times1\times535=123\ 050$（元）

直接人工成本份额 $=230\times1\times100=23\ 000$（元）

制造费用成本份额 $=230\times1\times118=27\ 140$（元）

④月末在产品成本（广义在产品成本）：

直接材料成本 $=214\ 000-123\ 050=90\ 950$（元）

直接人工成本 $=38\ 000-23\ 000=15\ 000$（元）

制造费用成本 $=44\ 840-27\ 140=17\ 700$（元）

表 7－16　　基本生产成本明细账

产品名称：丙产品　　车间名称：第二车间　　完工产成品产量：230 件

项　目	直接材料	直接人工	制造费用	合　计
月初在产品成本		5 525	4 350	9 875
本期发生费用		16 900	19 700	36 600
费用合计		22 425	24 050	46 475
约当总产量		325	325	—
单位成本		69	74	143
计入产成品成本份额		15 870	17 020	32 890
月末在产品成本		6 555	7 030	13 585

表 7－16 中有关计算过程如下：

①其他项目约当总量 $=230+(60+70\times50\%)=230+95=325$（件）

或 $=210+70\times50\%+80=325$（件）

②单位产品直接人工成本 $=\frac{24\ 960}{230+30}=96$（元/件）

单位产品制造费用成本 $=\frac{28\ 340}{230+30}=109$（元/件）

③应计入产成品成本的份额：

直接人工成本份额 $=230\times1\times69=15\ 870$（元）

制造费用成本份额 $=230\times1\times74=17\ 020$（元）

④月末在产品成本（广义在产品成本）：

直接人工成本 $=22\ 425-15\ 870=6\ 555$（元）

制造费用成本 $=24\ 050-17\ 020=7\ 030$（元）

表 7－17　　基本生产成本明细账

产品名称：丙产品　　车间名称：第三车间　　完工产成品产量：230 件

项　目	直接材料	直接人工	制造费用	合 计
月初在产品成本		6 360	5 540	11 900
本期发生费用		18 600	22 800	41 400
费用合计		24 960	28 340	53 300
约当总产量		260	260	-
单位成本		96	109	205
计入产成品成本份额		22 080	25 070	47 150
月末在产品成本		2 880	3 270	6 150

表 7－17 中有关计算过程如下：

①其他项目约当总量 $=230+60\times50\%=230+30=260$（件）

②单位产品直接人工成本 $=\frac{24960}{230+30}=96$（元/件）

单位产品制造费用成本 $=\frac{28340}{230+30}=109$（元/件）

③应计入产成品成本的份额：

直接人工成本份额 $=230\times1\times96=22\ 080$（元）

制造费用成本份额 $=230\times1\times109=25\ 070$（元）

④月末在产品成本（广义在产品成本）：

直接人工成本 $=24\ 960-22\ 080=2\ 880$（元）

制造费用成本 $=28\ 340-25\ 070=3\ 270$（元）

月末，根据上述基本生产成本明细账，编制会计分录：

借：库存商品——丙产品　　253 230

　贷：基本生产成本——一车间——丙产品　　173 190

　　　　　　　　——二车间——丙产品　　32 890

　　　　　　　　——三车间——丙产品　　47 150

（2）根据上述三个车间基本生产成本明细账中完工产成品份额编制丙产品成本汇总表如表 7－18 所示。

表 7－18　　产成品成本汇总表

产品名称：丙产品　　产量：230 件

项　目	直接材料	直接人工	制造费用	合 计
一车间应计入的份额	123 050	23 000	27 140	173 190
二车间应计入的份额		15 870	17 020	32 890
三车间应计入的份额		22 080	25 070	47 150
产成品总成本	123 050	60 950	69 230	253 230
产品单位成本	535	265	301	1 101

三、逐步结转分步法与平行结转分步法的比较

(一)成本管理的要求不同

逐步结转分步法是计算半成品成本的分步法，平行结转分步法是不计算半成品成本的分步法。是否需要计算半成品成本，取决于成本管理的要求。这两种计算方法的区别，首先表现在它们体现了不同的成本管理要求。

如果企业自制半成品对外销售，或半成品成本是同行业进行成本评比的重要指标，或某种半成品为企业多种产品共同耗用，在成本管理上就需要计算半成品成本，成本计算就应该采用逐步结转分步法。逐步结转分步法可以为分析和考核各生产步骤半成品成本计划的完成情况，为正确的计算半成品的销售成本提供资料。

如果企业半成品种类较多，且不对外销售，在成本管理上也不要求计算半成品的成本，就采用平行结转分步法。这样，各生产步骤可以同时计算应计入产成品成本的份额，无须逐步计算和结转半成品的成本

(二)成本的计算方式不同

逐步结转分步法是按照生产步骤，逐步计算和结转半成品成本，直到最后步骤计算出完工产品成本的方法。各生产步骤的成本核算需要等待上一步骤的成本核算结果。如果半成品采用综合结转法，那么为了反映企业产品成本的构成，还须进行成本还原，从而增加了成本核算的工作量。采用分项结转法，虽然可以直接提供按原始成本项目反映的成本构成，不需要进行成本还原，但各步骤成本结转比较复杂。逐步结转分步法核算工作较大，不便于核算工作的分工，效率也比较低。

平行结转分步法是将各生产步骤应计入产成品成本的份额平行结转汇总，来计算产成品成本的方法。各步骤应计入产成品成本的份额可以同时计算，无需等待，可以简化和加速成本核算工作。

(三)在产品的含义不同

在逐步结转分步法下，各生产步骤完工产品和在产品之间分配费用，这里的各步骤的完工产品是指该步骤完工半成品(只有最后一个步骤才是完工产成品)；而在产品是指各步骤狭义的在产品，即正在该步骤加工中的在产品。在逐步结转分步法下，半成品的成本随着半成品的实物转移而结转，各生产步骤在产品成本的发生地和在产品的所在地是一致的。这样，有利于在产品和半成品的管理。

平行结转分步法下，在各生产步骤完工产品和在产品之间分配费用，这里的各生产步骤完工产品均指在企业已完成全部生产加工过程、验收入库的产成品；而在产品是指广义的在产品，广义在产品包括：尚在本步骤加工中的在产品(即狭义在产品)，也包括本步骤已完工转入半成品库的半成品，还包括已从半成品库转到以后各步骤进一步加工、尚未最终完工的产品。此时，半成品的实物已经转移而半成品的成本仍留在各步骤，各生产步骤在产品成本的发生地和在产品的所在地往往是不一致的。这样，不利于在产品和半成品的管理。

【本章小结】

- 产品成本计算的分步法
  - 分步法概述
    - 分步法概念及其适用范围
    - 分步法特点
  - 逐步结转分步法
    - 逐步结转分步法概述
    - 综合结转法
    - 分项结转法
  - 平行结转分步法
    - 平行结转分步法概述
    - 平行结转分步法应用
    - 逐步结转分步法与平行结转分步法比较

【复习思考题】

1. 简述分步法的特点及适用范围。
2. 简述逐步结转分步法的成本计算程序。
3. 什么是成本还原？为什么要进行成本还原？怎样进行成本还原？
4. 平行结转分步法有哪些优缺点？

第八章　产品成本计算的辅助方法

【学习目标】

★知识目标：

· 掌握分类法的计算程序和具体方法、分类法的特点、优缺点、适用范围和应用条件。

· 掌握分类法的计算程序和类内产品之间分配生产费用的具体方法。

· 熟悉定额成本法的特点、优缺点、适用范围和应用条件。

· 了解各种产品定额成本的制定方法。

· 熟悉定额法中各种脱离定额差异的计算和产品实际成本的确定。

★能力目标：

· 能根据工业企业实际，有针对性地设计分类法、定额法，以及联产品、副产品和等级品的成本计算程序。

· 能结合企业成本核算的实际数据资料，熟练地运用分类法、定额法，以及联产品、副产品和等级品成本计算的方法进行成本计算。

案例导入

新兴公司对鳗鱼进行加工。在加工过程中，首先将每条鳗鱼分割成鱼头和鱼身两部分：鱼身去骨后的鱼肉部分经过加工生产出的烤鳗产品，按不同等级品对外销售，其中规格烤鳗以出口业务为主，收益最高；非规格烤鳗仅供内销，收益较低；而鳗鱼头和鳗鱼骨作为生产钙粉原料对外销售，也可以为企业创造收益。

王静是该厂的实习成本核算员，她对该厂生产的产品如何分类？用什么方法进行成本核算？

第一节 产品成本计算的分类法

一、分类法的概念及其使用范围

分类法是以产品类别作为成本计算对象，归集生产费用，计算出各类产品的总成本，并在此基础上，选择合适的标准在各类产品内部进行分配，计算确定各品种、规格产品成本的一种方法。

产品成本计算的分类法一般适用于产品品种、规格繁多，产品可以按照一定的要求和标准划分为类别的企业或企业内部生产部门。分类法与企业的生产类型没有直接联系。为了简化成本计算工作，只要企业(或生产单位)的产品可以按照其性质、用途、生产工艺过程和原材料消耗等方面的特点划分为一定类别，都可以采用分类法计算成本。例如，钢铁厂生产的各种型号和规格的生铁、钢锭和钢材，针织厂生产的各种不同种类和规格的针织品，灯泡厂生产的各种不同类别和瓦数的灯泡，食品厂生产的各种饼干和糖果等。

采用分类法计算产品成本时，领料单、工时记录等原始凭证和原始记录可以只按产品类别填列，在各种费用分配表中可以只按产品类别分配费用，产品成本明细账可以只按产品类别开立，从而不仅能简化成本计算工作，而且能够在产品品种、规格繁多的情况下，分类掌握产品成本的情况。但采用分类法计算产品成本时，类内各种产品成本的计算，不论是直接计入费用还是间接计入的费用，都是按一定的分配标准按比例进行分配的，因而，计算结果具有一定的假定性。

二、分类法的特点

(一)成本计算对象

分类法以产品类别作为成本计算对象，归集该类产品的生产费用。直接费用直接计入，各类产品共同耗用的费用，采用一定的分配标准分配计入，最后汇总计算出该类产品总成本。

(二)成本计算期

分类法的成本计算期要根据生产特点及管理要求来确定，即取决于相关的产品成本计算的基本方法。如果是大批量生产，结合品种法或分步法进行成本计算，则应定期在月末进行成本计算;如果与分批法结合运用，成本计算期不固定，而与生产周期一致。

(三)计算月末在产品成本

采用分类法计算产品成本时，如果月末在产品数量较多，应将该类产品生产费用总额在完工产品和月末在产品之间进行分配。

请注意:分类法不是一种独立的基本成本计算方法，它要根据各类产品的生产工艺特点和管理的要求，与品种法、分批法、分步法结合使用。

三、分类法的成本计算程序

在分类法下，产品成本计算的基本程序是:

(一)按照产品类别设置生产成本明细账(产品成本计算单)，计算各类产品的实际总成本

采用分类法计算产品成本时，首先，要根据产品性质（结构、用途）所耗用的原材料、生产工艺过程的不同等标志，将产品划分为若干类型，按照产品类别设置生产成本明细账，按类归集该类产品的生产费用，计算出各类产品的实际总成本。

（二）选择合理的分配标准分配费用，计算出类内各种产品的总成本和单位成本

类内各种不同规格型号产品之间的成本分配，有定额消耗量、定额费用、售价，以及产品的体积、长度、重量等分配标准，选择的分配标准应当与各种产品成本的发生有比较密切的关系，体现产品成本费用分配中的受益原则。分配标准的选择力求合理准确。各成本项目可以采用同一分配标准，也可以按照成本项目的性质采用不同的分配标准。例如，直接材料可以按材料定额消耗量比例分配，直接人工和制造费用按定额工时比例分配。

分类法成本计算的一般程序如下图 8－1 所示。

各项要素费用分配表、制造费用分配表 →

- 甲类产品成本明细账
  - 完工产品成本
  - 在产品成本
    - A 产品成本
    - B 产品成本
    - C 产品成本
- 乙类产品成本明细账
  - 完工产品成本
  - 在产品成本
    - D 产品成本
    - E 产品成本
- 丙类产品成本明细账
  - 完工产品成本
  - 在产品成本
    - F 产品成本
    - G 产品成本

图 8－1　分类法成本计算程序图

四、类内各产品成本的分配方法

（一）定额比例法

分类法的定额比例法是指将某类产品的完工产品成本分成本项目按各种产品的定额消耗量比例或定额费用比例计算各种产品的总成本和单位成本的一种成本计算方法。

（二）系数分配法

为了简化产品成本的分配，在实际工作中，通常采用系数分配法分配类内各种产品成本，即将分配标准折合成相对固定的系数，按照固定系数分配同类产品内各种产品的成本。系数分配法的关键是合理确定系数，即类内各种规格产品之间的比例关系，系数一经确定，可以在较长时间内使用。按折合系数分配生产费用的方法，又称系数分配法、标准产量法。

采用系数分配法的具体方法是：

1. 在类内产品中选择一种产量较大、生产稳定、规格适中的产品作为标准产品，并按一定标准将标准产品的单位系数定为“1”，再将类内其他各种产品与标准产品进行比较，确定出各种产品单位产品的系数。（注意：材料费系数与加工费系数需要分别进行确定。）

2. 将每种产品的产量分别乘以各自单位产品的系数，分别求出各种产品的总系数（标准产品产量）。

3. 确定各项费用的系数分配率

某项费用的系数分配率＝应分配成本总额÷各种产品总系数之和

4. 将类内完工产品的费用按系数分配率向各种产品进行分配

某产品应分配的某项费用 = 该产品该项总系数 × 该项费用的系数分配率

特别提醒：为了简化计算，采用分类法计算产品成本时，完工产品和在产品成本的分配在各大类产品中进行。类内各种产品成本的分配只计算完工产品成本，而不需分配类内各种产品的在产品成本。在产品成本体现在各大类上，不再分配到各种产品。

五、分类法的应用（按系数分配法）

［例 8－1］新兴公司生产甲、乙、丙三种产品。该三种产品的结构、所用材料和工艺过程相近，合为 A 类产品。该厂 2013 年 4 月生产甲产成品 2 000 件、乙产成品 1 000 件、丙产成品 1 200 件；甲在产品 100 件，乙在产品 150 件。

有关定额资料见表 8－1。

有关费用资料见表 8－2。

要求采用分类法计算各种产品成本。

表 8－1　　系数计算表

类别：A 类　　2013 年 4 月份

产品名称	材料消耗定额	系　数	工时消耗定额	系　数
甲产品（标准产品）	20 千克	1	10 小时	1
乙产品	24 千克	1.2	15 小时	1.5
丙产品	10 千克	0.5	5 小时	0.5

表 8－2　　基本生产成本明细账

类别：A 类　　2013 年 4 月份　　单位：元

摘　要	直接材料	直接人工	制造费用	合　计
月初在产品成本	2 083.80	969.20	957.50	4 010.50
本月发生费用	6 100.20	3 130.00	2 458.50	11 688.70
费用累计	8 184.00	4 099.20	3 416.00	15 669.20
完工产品成本	11 400	3 936	3 280	18 616
月末在产品成本	584	163.2	136	883.2

表 8－3　　总系数（标准产品产量）计算表

类别：A 类　　2013 年 4 月份　　单位：元

产品名称	产成品产量	直接材料		加工费用	
		系数	总系数	系数	总系数
甲产品	2 000	1	2 000	1	2 000
乙产品	1 000	1.2	1 200	1.5	1 500
丙产品	1 200	0.5	600	0.5	600
合　计			3 800		4 100

表 8－4　　类内产品成本分配表

类别：A 类　　2013 年 4 月份　　单位：元

摘　要	直接材料	直接人工	制造费用	合　计
A 类完工产品总成本	11 400	3 936	3 280	18 616
总系数	3 800	4 100	4 100	
分配率	3	0.96	0.8	
甲完工产品总成本	6 000	1 920	1 600	9 520
甲产品单位成本	3	0.96	0.8	4.76
乙完工产品总成本	3 600	1 440	1 200	6 240
乙产品单位成本	3.6	1.44	1.2	6.24
丙完工产品总成本	1 800	576	480	2 856
丙产品单位成本	1.5	0.48	0.4	2.38

采用分类法计算产品成本，可以减少成本计算对象的个数，简化成本计算手续。既可以反映各种产品的成本，还可以提供各类产品的成本资料，有利于企业从不同角度考核分析产品成本。

采用分类法计算产品成本，原始凭证和原始记录只按产品类别填列，各种费用只按产品类别分配，产品成本明细账只按产品类别开立，从而能简化成本计算工作。

分类法由于在计算类内各种产品成本时，不论是间接计入费用还是直接计入的费用，都是以一定的分配标准为比例进行分配的，使计算结果有一定的假定性。因此，在分类法下，产品的分类和分配标准（或系数）的选定是否适当是保证产品成本计算正确的关键。在产品的分类上，应以所耗原材料和工艺技术过程是否相近为标准。在对产品分类时，类距既不能定的过小，使成本计算工作复杂化；也不能定的过大，造成成本计算上的“大锅烩”，影响成本计算的正确性。在产品结构、所耗原材料或工艺技术发生较大变动时，应及时修订分配系数，或另选分配标准，以保证成本计算的正确性。

第二节　联产品、副产品及等级产品的成本计算

一、联产品的成本计算

（一）联产品的含义

联产品是指企业在生产过程中，对同一原料经过相同工艺过程的加工，同时生产出来的有同等地位的不同用途的主要产品。例如炼焦企业在同一生产过程中生产出来的焦炭和煤气；炼油企业在生产过程中将原油加工提炼，生产出来的汽油、煤油和柴油等称为联产品。

（二）联产品联合成本的分配方法

联产品的性质和用途虽然不同，但都是从同一种原料、在同一生产过程中取得的，它们有着自然的联系。各种联产品在联产过程中必须经过分离才能成为联产品，产品分离出来的时刻称为“分离点”，它是联合生产过程的结束。在分离点之前，各种联产品的成本是综合在

一起的。根据联产品生产的这一特点，要按每种产品来汇集费用，计算成本是非常困难的，因而只能将同一生产过程的联产品，视为同类产品归为一类，采用分类法计算分离前的联合成本。分离后如需进一步加工的，继续加工费用为直接费用的可直接计入，若为间接费用的应在相关产品之间分配计入，联合成本加上继续加工成本即为该产品的最终成本。

（三）联产品成本计算举例

［例8－2］新兴公司2013年8月用同一种原材料，在同一生产过程中生产出甲、乙、丙三种主要产品，其联合成本30 750元。以产品售价作为标准确定系数，以甲产品为标准产品。要求计算每种产品的成本。

联产品产量、售价和系数计算如表8－5所示。

表8－5　　**联产品产量、售价和系数计算表**

产品名称	产量（千克）	单位售价（元）	系数
甲产品	1 800	10	1
乙产品	600	12	1.2
丙产品	1 000	12.3	1.23

联合成本分配情况如表8－6所示。

表8－6　　**联合成本分配情况**

2013年8月

产品名称	产量	系数	标准产量	联合成本	分配率	应分配的联合成本
甲产品	1 800	1	1 800			14 760
乙产品	600	1.2	720			5 904
丙产品	1 000	1.23	1 230			10 086
合计	3 400	–	3 750	30 750	8.2	30 750

注：分配率＝30 750÷3 750＝8.2

甲产品应分配联合成本＝1 800×8.2＝14 760（元）

乙产品应分配联合成本＝720×8.2＝5 904（元）

丙产品应分配联合成本＝1 230×8.2＝10 086（元）

二、副产品的成本计算

副产品是指企业在同一生产过程中，使用同种材料，在生产主要产品的同时，附带生产出来的一些非主要产品。例如提炼原油过程中产生的渣油、石油焦，洗煤生产中产生的煤泥，制皂生产中产生的甘油均为副产品。副产品虽然不是企业的主要产品，但也可以满足社会需要，也有经济价值，因而也应该加强成本管理与核算。

副产品不是主要产品，其费用比重一般较小，为简化核算可将副产品与主要产品合为一类开设成本计算单归集费用、计算成本，然后将副产品按照一定方法计价，从主要产品中扣除，扣除副产品计价额后的成本即为主要产品的成本。

副产品的计价方法，可以按照售价减去税金、销售费用和按正常利润率计算的销售利润后的余额计价，也可以在此基础上确定固定的单价，以固定的单价计价。副产品的计价额一般从总成本的原材料项目中扣除。

有些工业企业，在生产过程中会产生一些废气、废液和废料，“三废”一经综合利用也就成了副产品，可以比照副产品成本计算方法来计算其成本。

有的工业企业，除了生产主要产品外，有时还为其他企业提供少量加工、修理等作业，或企业的基本生产车间除生产主要产品外，还为本企业的其他车间和部门提供少量的加工和修理作业，这些作业也可以比照副产品的成本计算方法进行计算。

特别提醒：

1. 联产品与副产品之间的联系，主要表现在它们都是联合生产过程的产物，都是投入相同的原材料，经过同一生产过程而产生的。联产品与副产品的区别主要是价值，联产品价值一般较大，而副产品的价值一般较小。

2. 对企业而言，联产品与副产品的划分并非一成不变。另外，很难有什么绝对的标准来判断该企业的某产品是联产品还是副产品。在会计处理上，如果认为有必要，可将有些副产品按联产品处理。

三、等级产品的成本计算

等级品是指企业在同一生产过程中，以相同的材料生产出品种相同，但质量不同的产品。例如洗煤生产中用同样的原料煤，经过相同洗煤生产过程生产出品种相同但等级或质量不同的精煤和洗块等均为等级品。等级品和废品是两个不同的概念，等级品是合格品，而废品是非合格品。

如果等级品的品种规格完全相同，只是由于生产和管理不善造成的次品，其单位成本和合格品的成本相同；如果不同质量的产品，是由于内部结构、所用原材料的质量或工艺技术上要求不同而产生的，那么，这些产品则属于同一品种不同规格的产品，可将其视为一类来计算成本。

第三节　产品成本计算的定额法

一、定额法的含义及适用范围

定额法是将产品成本计划、控制、分析与核算有机结合起来，以产品定额成本为基础，结合产品实际成本脱离定额的差异和产品成本定额变动差异等，来计算产品实际成本的方法。

采用定额法计算产品成本，实际成本的计算公式如下：

实际成本 = 定额成本 ± 脱离成本差异 ± 材料成本差异 ± 定额变动差异

定额成本是指根据企业现行材料消耗定额、工时定额、费用定额以及其他有关资料计算的一种成本控制目标。产品定额成本的制定过程也是对产品成本事前控制的过程。定额成本是计算实际成本的基础，也是企业对生产费用进行事中控制和事后分析的依据。

企业制定的定额成本和计划成本都是成本控制的目标，定额成本和计划成本的制定过程都是对产品成本进行事前控制的过程，但定额成本和计划成本有不同之处。定额成本是根据企业现行消耗定额制定的，随着生产技术的进步和劳动生产率的提高，消耗定额成本必须不断修订，因此，定额成本在年度内有可能因消耗定额的修订而变动；计划成本是根据企业计划期（通常为年度）内的平均消耗定额制定的。在计划期（年度）内，计划成本通常是不变的。同时，计划成本是企业计划年度内成本控制的目标，是考核和分析企业成本计划完成与否的依据；而定额成本是计算产品实际成本的基础，是生产费用日常(事中)控制的依据。

脱离定额差异是指产品生产过程中各项实际发生的生产费用与现行定额的差异。脱离定额差异反映了企业各项生产费用支出的合理程度和执行现行定额的工作质量。

材料成本差异也是产品生产费用脱离定额差异的一部分。因为采用定额法计算产品成本的企业，原材料的日常核算总是按计划成本计价的。因此应当单独计算产品成本负担的材料成本差异。

定额变动差异是指由于修订定额而产生的新旧定额之间的差异，它是定额自身变动的结果，与生产费用支出的节约与超支无关。企业年度内修订定额一般在月初进行，在有定额变动的月份，本月投入产品的定额成本是按新定额计算的，只有月初在产品的定额成本是按旧定额计算的。因此，定额变动差异是指月初在产品账面定额成本与按新定额计算的定额成本之间的差异。

为了充分发挥定额法的作用，简化成本核算工作，采用定额法计算产品成本，还必须具备一定的条件：定额管理制度比较健全，定额管理工作的基础比较好，产品的生产已经定型，消耗定额比较准确与稳定的企业。由于大批大量生产比较容易具备这些条件，因而最早应用定额法的就是大量大批的机械制造企业。应当指出是，定额法与生产类型并无直接联系，不论哪种生产类型，只要具备上述条件，都可以采用定额法计算产品成本。

二、定额法的特点

(一)事先制定产品的消耗定额、费用定额和定额成本作为降低成本的目标

定额法与产品成本计算的品种法、分批法、分步法不同，它是以产品的定额成本为基础来计算产品实际成本的。因此，采用定额法计算产品成本时，必须事先制定好产品的各项消耗定额和费用定额，并以现行消耗定额和费用定额为依据，制定产品的定额成本。

(二)在生产费用发生的当时，就将符合定额的费用和发生的差异分别核算，以加强对成本差异的日常核算、分析和控制

(三)月末，在定额成本的基础上，加减各种成本差异，计算产品的实际成本，为成本的定额考核和分析提供数据

三、定额法的成本计算程序

(一)制定定额成本

采用定额法计算产品成本，首先应当根据企业现行消耗定额和费用定额，按照企业确定的成本项目，分产品品种(企业确定的成本核算对象)分别制定产品定额成本。定额成本制定后，要编制出各种产品的定额成本表。为便于进行成本分析和考核，定额成本采用的成本项目和计算方法，应当与计划成本、实际成本采用的成本项目和计算方法一致。

制定定额成本依据的现行定额，是指企业从月初起实行的定额。在有定额变动的月份，应当根据变动以后的定额，调整月初在产品的定额成本，计算定额变动差异。

(二)核算脱离定额差异

在生产费用发生时，应将实际生产费用区分为符合定额的费用和脱离定额的差异，将符合定额的费用和脱离定额的差异分别核算，并予以汇总。

(三)在本月完工产品与月末在产品之间分配成本差异

月末，企业应将本月月初结转和本月发生的脱离定额差异、材料成本差异和定额变动差

异分别汇总，按照企业确定的成本计算方法，在本月完工产品和月末在产品之间进行分配。为了简化成本核算工作，材料成本差异和定额变动差异可以全部由本月完工产品负担，月末在产品只分摊脱离定额差异。

（四）计算本月完工产品的实际总成本和单位成本

以本月完工产品的定额成本为基础，加上（或减去）各项成本差异，计算出本月完工产品实际总成本。本月完工产品实际总成本除以完工产品的总产量，即为本月完工产品的单位成本。

四、定额法的应用

（一）定额成本的制定

采用定额法计算产品成本，必须首先制定单位产品的原材料、动力、工时等消耗定额，并根据各项消耗定额和原材料的计划单价、计划的工资率（计划每小时生产工资）或计件工资单、制造费用率（计划每小时制造费用）等资料，计算单位产品的各项费用定额和单位产品的定额成本。产品定额成本的制定过程，也是对产品成本进行事前控制的过程。产品的消耗定额、费用定额和定额成本的确定，既是对生产耗费、生产费用进行事中控制的依据，也是月末计算产品实际成本的基础，是进行产品成本事后分析和考核的标准。计算公式为：

直接材料定额成本＝直接材料定额耗用量×材料计划单价

或＝本月投入材料量×单位产品材料消耗定额×材料计划单价

直接人工定额成本＝产品定额工时×计划工资率

或＝产品约当产量×单位产品工时定额×计划工资率

制造费用定额＝产品定额工时×计划费用率

或＝产品约当产量×单位产品工时定额×计划费用率

［例8－3］新兴公司2013年8月大量生产的甲、乙、丙三种产品，采用定额法计算产品成本，产品定额成本根据零件定额卡、部件定额卡计算，本月有关零件定额卡、部件定额卡、产品消耗定额计算表和产品定额成本计算汇总表如下：

表8－7

零件定额卡

2013年8月

零件编号:1001　　　　**零件名称**:A

材料编号	材料名称	计量单位	材料消耗定额
K200	H	千克	8
K201	N	千克	10
工序	工时定额		累计工时定额
1	5		5
2	7		12
3	8		20

表 8－8

部件定额卡

2013 年 8 月

部件编号:101　　部件名称:B　　实物计量单位:千克　　金额计量单位:元

工序或耗用零件名称	耗用零件数量	材料定额成本							工时消耗定额
		H 材料			N 材料			材料金额合计	
		数量	计划单价	金额	数量	计划单价	金额		
1001A	1	8	8	64	10	9	90	154	20
1002	4	20	8	160	40	9	360	520	50
1003	2	10	8	80	20	9	180	260	10
组装									20
合计		38	8	304	70	9	630	934	100

表 8－9

产品消耗定额计算表

2013 年 8 月

产品名称:甲产品　　单位:元

工序或耗用部件名称	耗用部件数量	材料费用定额		工时消耗定额	
101	1	934	934	100	100
102	2	783	1 566	200	400
103	4	500	2 000	200	800
装配					200
合计			4 500		1 500

表 8－10

产品定额成本计算汇总表

2013 年 8 月

单位:元

产品名称	直接材料定额成本	工时消耗定额	直接人工		制造费用		定额成本合计
			计划小时工资率	定额成本	计划小时费用率	定额成本	
甲	4 500	1 500	4	6 000	2	3 000	13 500
乙	2 500	500	4	2 000	2	1 000	5 500
丙	3 000	1 000	4	4 000	2	2 000	9 000

(二)脱离定额差异的计算

脱离定额的差异，是指生产过程中，各项生产费用的实际支出脱离现行定额或预算的数额。为了及时正确地核算和分析生产费用脱离定额的差异，控制生产费用支出，应当在发生生产费用时，为符合定额的费用和脱离定额的差异，分别编制定额凭证和差异凭证，并在有关的费用明细表和明细分类账中分别予以登记。因此，对脱离定额差异的核算，是实行定额法的重要内容。为了防止生产费用的超支，避免浪费和损失，差异凭证填制以后，还必须按照规定办理审批手续。在有条件的企业，可以将脱离定额差异的日常核算同车间或班组经济责任制结合起来，依靠各生产环节的职工节约支出。

1. 直接材料费用脱离定额差异的计算

直接材料费用脱离定额差异的计算包括材料耗用量差异（量差）和材料价格差异，这里只指材料耗用量差异（量差），即生产过程中产品实际耗用材料数量与其定额耗用量之间的差异。用公式表示为：

直接材料费用脱离定额差异 = Σ〔（材料实际耗用量 - 材料定额耗用量）×该材料计划单价〕

在实际工作中，计算直接材料费用脱离定额差异，一般有限额领料单法、切割法和盘存法。

（1）限额领料单法

采用定额法计算产品成本时，为了加强材料费用的控制，应当实行“限额领料单”（定额领料）制度。符合定额的原材料应当根据“限额领料单”领用。因为增加产品产量而需要增加用料，应按规定程序办理追加限额手续后，属于定额内领料，可以根据“限额领料单”领用；减少产品产量时，应当扣减“限额领料单”上的领料限额。

除增加产品产量发生的增加用料外，因其他原因发生的超额领料，属于材料脱离定额的差异，应当用专设的“超额材料领料单”（也可以用普通领料单以不同颜色或加盖专用戳记加以区别）等差异凭证，经过一定的审批手续领料。采用代用材料或利用废料时，应在“限额领料单”中注明，并在原定额内扣除。生产任务完成后，应当根据车间余料填制“退料单”，办理退料手续或假退料手续。

“超额材料领料单”上的材料数额，属于材料脱离定额的超支差异；“退料单”中所列材料数额和“限额领料单”中的材料余额，都是材料脱离定额的节约差异。

（2）切割核算法

为了更好地控制用料差异，对于需要切割才能使用的材料，如板材、棒材等，可以通过“材料切割核算单”来计算材料脱离定额的差异，控制用料。

“材料切割核算单”应当按切割材料的批别开立，“材料切割核算单”中填列发交切割材料的种类、数量、消耗定额以及应切割的毛坯数量；切割完成后，再填写实际切割成的毛坯数量和材料的实际消耗量等。根据切割的毛坯数量和消耗定额，计算出材料的定额耗用量后，可以与实际耗用量相比较，确定脱离定额的差异。

［例 8 - 4］新兴公司 2013 年 10 月材料切割核算单的编制

表 8 - 11

材料切割核算单

材料编号名称：200F　　**计量单位**：千克　　**计划单价**：8 元

产品名称：丙产品　　**零件编号名称**：L401　　**切割人**：张硕

图纸号：1086　　**切割日期**：2013 年 10 月 15 日

机床号：0578　　**完工日期**：2013 年 10 月 18 日

发料数量	退回余料数量		材料实际消耗量		废料实际回收量
288	12		276		10
单位产品消耗定额	单位回收废料定额	应切割成毛坯数量	实际切割成毛坯数量	材料定额消耗量	废料定额回收量
6	0.2	46	44	264	8.8

续表

材料脱离定额差异		废料脱离定额差异			脱离定额差异原因	责任者
数量	金额	数量	单价	金额		
12	96	-1.2	1.5	-1.8	技术不熟练且未按设计图纸切割，增加了毛边，减少了毛坯。	张硕

表8-11中，有关数据的计算过程如下：

应切割数量＝276÷6＝46（件）

材料定额耗用量＝44×6＝264（千克）

废料定额回收量＝44×0.2＝8.8（千克）

材料脱离定额差异＝（276-264）×8＝96（元）

废料脱离定额差异＝（8.8-10）×1.5＝-1.8（元）

表8-11中，材料脱离定额差异96元为不利（超支）差异。由于废料回收价值可以冲减材料费用，实际回收废料10千克，比定额回收废料8.8千克多了1.2千克，可以多冲减材料费用1.8元，因此用负数表示。由于废料脱离定额差异是在减少了切割数量2件（46-44）以后形成的，该厂多回收废料1.8元不能评价为有利（节约）差异。只有实际切割成毛坯数量等于或大于应切割毛坯的数量，才可以认定为有利（节约）差异。

（3）盘存法

盘存法是指通过定期盘存的方法来核算材料脱离定额的差异。根据企业生产的特点，定期的“期”，可以是工作班、工作日、周、旬等。

材料脱离定额差异是材料实际耗用量与定额耗用量的差异。材料实际耗用量是被本期投产产品消耗的，定额耗用量也应当按本期投产的产品数量来计算。因此，盘存法核算材料脱离定额差异的程序是：先根据“产品入库单”等凭证记录的完工产品数量和实地盘存确定的在产品数量，计算出本期投产产品数量；然后，用本期投产产品数量乘以单位产品材料定额耗用量，计算出原材料定额消耗量；再根据“限额领料单”、“超额领料单”、“退料单”等领、退料凭证和车间余料盘存数量，计算出材料实际消耗量；最后将材料实际消耗量与定额消耗量比较，计算出材料脱离定额的差异。这种方法一般适用于原材料在生产开始时一次投入的产品，有关计算公式如下：

本期投产产品数量＝本期完工产品数量＋期末盘存在产品数量－期初盘存在产品数量

直接材料脱离定额差异＝〔本期材料实际消耗量－本期投产产品数量×单位产品材料消耗定额〕×材料计划单价

［例8-5］新兴公司生产的甲产品，原材料在生产开始时一次投入，单位产品A材料消耗定额20千克，A材料计划单位成本10元。甲产品期初在产品30件，产品交库单汇总的本期完工入库产品1 000件，期末实地盘点确定的在产品50件。根据“限额领料单”记录，本期甲产品领用A材料20 300千克，根据车间材料盘存资料，A材料车间期初余料90千克，期末余料120千克。

要求计算材料脱离定额差异。

材料脱离定额差异可以计算如下：

本期投产甲产品数量＝1 000＋50－30＝1 020（件）

本期 A 材料定额消耗量 = 1 020 × 20 = 20 400（千克）

本期 A 材料实际消耗量 = 20 300 + 90 − 120 = 20 270（千克）

本期 A 材料脱离定额差异 = (20 270 − 20 400) × 10 = −1 300（元）

计算结果表明，甲产品耗用 A 材料脱离定额的差异为节约 130 千克，节约 1 300 元。

为了计算产品的实际成本，企业应当分批或定期汇总各种产品材料脱离定额的差异，编制直接材料定额成本和脱离定额差异汇总表，作为登记产品生产成本明细账（产品成本计算单）的依据。

2. 直接人工脱离定额差异的计算

（1）计件工资制度下直接人工脱离定额差异的计算

在计件工资制下，直接人工费用为直接计入费用，在计件单价不变时，按计件单价支付的生产工人工资就是定额工资，没有脱离定额的差异。因此，在计件工资制下，脱离定额的差异往往只指因工作条件变化而在计件单价之外支付的工资、奖金、津贴、补贴等。企业应将符合定额的工资，反映在产量记录中；脱离定额的差异应当单独设置“工资补付单”等凭证，并经过一定的审批手续。

（2）计时工资制度下直接人工脱离定额差异的计算

在计时工资之下，直接人工费用一般为间接计入费用，其脱离定额的差异不能在平时分产品计算，只有在月末确定本月实际直接人工费用总额和产品生产总工时以后，才能计算。有关的计算公式如下：

计划小时工资率 = 计划产量的定额直接人工费用 ÷ 计划产量的定额生产工时

实际小时工资率 = 实际直接人工费用总额 ÷ 实际生产总工时

某产品定额直接人工费用 = 该产品实际完成的定额生产工时 × 计划小时工资率

某产品实际直接人工费用 = 该产品实际生产工时 × 实际小时工资率

某产品直接人工脱离定额的差异 = 该产品实际直接人工费用 − 该产品定额直接人工费用

[例 8 − 6] 2013 年 10 月新兴公司生产甲、乙、丙三种产品，本月三种产品实际生产工时 401 000 小时，其中甲产品 170 000 小时，乙产品 100 000 小时，丙产品 131 000 小时；本月三种产品实际完成定额工时 410 000 小时，其中甲产品 172 000 小时，乙产品 110 000 小时，丙产品 128 000 小时；本月实际产品生产工人工资 1 644 100 元；本月计划小时工资率 4 元；实际小时工资率 4.1 元（1 644 100 ÷ 401 000）。

要求根据资料计算有关数据，编制“直接人工费用定额和脱离定额差异汇总表”。

表 8 − 12　　**直接人工费用定额和脱离定额差异汇总表**

2013 年 10 月　　**单位：元**

产品名称	定额人工费用			实际人工费用			脱离定额差异
	定额工时	计划小时工资率	定额工资	实际工时	实际小时工资率	实际工资	
甲	172 000		688 000	170 000		697 000	9 000
乙	110 000		440 000	100 000		410 000	−30 000

续表

丙	128 000		512 000	131 000		537 100	25 100
合计	410 000	4	1 640 000	401 000	4.1	1 644 100	4 100

3. 制造费用脱离定额差异的计算

制造费用是生产单位为生产产品和提供劳务所发生的间接费用，生产多种产品的企业（生产单位）属于间接计入费用，其脱离定额的差异不能在平时分产品计算，只有在月末确定实际制造费用总额以后，才能按照计时工资制下直接人工费用的计算公式确定。

［例 8 –7］2013 年 10 月新兴公司生产甲、乙、丙三种产品，本月各种产品实际生产工时和实际完成定额工时参见［例 8 –6］，本月实际制造费用总额 826 060 元，本月制造费用计划分配率为每小时 2 元，实际分配率为每小时 2.06 元（826 060 ÷ 401 000）。

要求根据资料计算有关数据，编制“制造费用定额和脱离定额差异汇总表”。

表 8 – 13　　制造费用定额和脱离定额差异汇总表

2013 年 10 月　　单位：元

产品名称	定额费用			实际费用			脱离定额差异
	定额工时	计划小时工资率	定额工资	实际工时	实际小时工资率	实际工资	
甲	172 000		344 000	170 000		350 200	6 200
乙	110 000		220 000	100 000		206 000	– 14 000
丙	128 000		256 000	131 000		269 860	13 860
合计	410 000	2	820 000	401 000	2.06	826 060	6 060

（三）材料成本差异的计算

在采用定额法计算产品成本的企业中，为了便于对产品成本进行考核和分析，材料的日常核算都应按计划成本进行。因此，日常所发生的原材料费用，包括原材料定额费用和原材料脱离定额的差异，都是按照原材料的计划单位成本计算的。前者是原材料的定额消耗量与其计划单位成本的乘积，后者是原材料的消耗数量差异与其计划单位成本的乘积，即按原材料计划单位成本反映的原材料消耗的数量差异（量差）。两者之和，就是原材料的实际消耗数量与其计划单位成本的乘积，即原材料的计划价格费用。因此，在月末计算产品的实际原材料费用时，还必须考虑所耗原材料负担的成本差异问题，即所耗原材料的价格差异（价差）。其计算公式如下：

某产品应分配的材料成本差异 =（该产品材料定额费用 ± 材料脱离定额差异）× 材料成本差异率

［例 8 –8］2013 年 10 月新兴公司生产的甲产品，本月耗用的直接材料费用定额成本为 495 000 元，材料脱离定额的差异为节约 9 500 元。本月材料成本差异率为节约 1.2%。

要求计算甲产品本月应负担的材料成本差异。

甲产品本月应负担的材料成本差异 =(495 000 - 9 500) × (- 1.2%) = - 5 826(元)

为了简化核算，各种产品应分配的材料成本差异一般均由各产品的完工产品负担，月末在产品不再负担。

(四)定额变动差异的计算

定额变动差异，是指因修订消耗定额或生产耗费的计划而产生的新旧定额之间的差额。

月初产品定额变动差异，可以根据定额发生变动的在产品盘存数量或在产品账面结存数量和修订前后的消耗定额，计算出月初在产品消耗定额修订前和修订后的定额消耗量而求得。为了简化计算工作，也可以按照单位产品费用的折算系数进行计算。即将按新旧定额所计算出的单位产品费用进行对比求出定额变动系数，以此进行计算。其计算公式如下：

定额变按动系数 = 按新定额计算的单位产品定额费用 ÷ 按旧定额计算的单位产品定额费用

月初在产品定额变动差异 = 按旧定额计算的月初在产品成本 ×(1 - 定额变动系数)

各种消耗定额的变动，一般表现为不断下降的趋势，因而月初在产品定额变动差异，通常表现为月初在产品定额成本的降低。在这种情况下，一方面应从月初在产品定额成本中扣除该项差异;另一方面，由于该项差异是月初在产品生产费用的实际支出，因此还应将该项差异计入本月产品成本。相反，若消耗定额不是下降而是提高，那么，在计算出定额变动差异后，应将此差异加入月初在产品定额成本之中，同时从本月产品成本中予以扣除，因为实际上并未发生这部分支出。

在有月初在产品定额变动差异时，产品实际成本的计算公式应为:产品实际成本 = 产品定额成本 ± 脱离定额差异 ± 原材料或半成品成本差异 ± 月初在产品定额变动差异

定额变动差异一般应按照定额成本比例，在完工产品和月末在产品之间进行分配。但是，若定额变动差异数额较小，或者月初在产品本月全部完工，那么，定额变动差异也可以全部由完工产品负担，月末在产品不再负担。

[例 8 - 9]2013 年 10 月新兴公司生产的甲产品从本月起实行新的材料消耗定额，直接人工和制造费用定额不变。单位产品新的直接材料费用定额为 4 500 元，旧的直接材料费用定额为 4 680 元。甲产品月初在产品按旧定额计算的直接材料费用为 93 600 元。要求:计算月初在产品定额变动差异。

定额变动系数 =4 500 ÷4 680 =0.96

月初在产品定额变动差异 =93 600 ×(1 - 0.96) =3 744(元)

月初在产品定额变动差异是定额本身变动的结果，与生产费用的浪费和节约无关。但是，定额成本是计算实际成本的基础，月初在产品定额成本调低时，应将定额变动差异加入产品实际成本;反之，应从实际成本中扣除。[例 8 - 9]甲产品月初在产品定额成本调低 3 744 元，甲产品实际成本就应当加上定额变动差异 3 744 元。

(五)产品实际成本的计算

定额法下的产品成本计算包括定额成本、脱离定额的差异、材料成本差异及定额变动差异等内容。其计算公式为：

实际成本 = 定额成本 ± 脱离成本差异 ± 材料成本差异 ± 定额变动差异

月末，将定额成本及各种差异的月初、本月数汇总后计算分配产品的实际成本。在计算分配完工产品与月末在产品成本时，首先计算其完工产品与在产品定额成本，然后采用定额比例法计算完工产品与月末在产品的各种差异。计算公式为：

差异分配率 =（月初在产品差异 + 本月发生差异）÷（完工产品定额成本 + 月末在产品定额成本）×100%

完工产品应负担的差异 = 完工产品定额成本 × 差异分配率

月末在产品应负担的差异 = 月末在产品定额成本 × 差异分配率

请注意：为简化核算，月初在产品定额变动差异及材料成本差异可由完工产品负担；如果其他各种差异金额不大或虽然较大，但各月在产品数量较稳定，则其他各种成本差异也可以由完工产品全部负担。

五、定额法的成本计算程序举例

［例 8 - 10］2013 年 9 月新兴公司生产的乙产品，月初在产品定额成本为 40 000 元，其中直接材料定额成本 20 000 元，直接人工定额成本 7 500 元，制造费用定额成本 12 500 元。月初在产品脱离定额的差异为 402.5 元，其中直接材料脱离定额差异为 - 1 250 元，直接人工脱离定额差异为 652.5 元，制造费用脱离定额差异为 1 000 元。

本月乙产品单位产品直接材料定额成本由 500 元调整为 487.5 元。本月投入原材料定额成本为 190 125 元，本月按计划单位价格实际消耗量计算的原材料费用为 193 750 元，材料成本差异率为 1.2%。本月实际人工费用为 149 340 元，人工费用定额为 148 125 元。本月实际制造费用为 243 800 元，制造费用定额为 246 875 元。本月完工产品 400 件，单位完工产品定额成本为 1 487.5 元，其中直接材料 487.5 元，直接人工 375 元，制造费用 625 元。要求：采用定额法计算乙产品成本。

根据资料可以得出：

1. 完工产品的定额成本为：

完工产品直接材料定额成本 = 400 × 487.5 = 195 000（元）

完工产品直接人工定额成本 = 400 × 375 = 150 000（元）

完工产品制造费用定额成本 = 400 × 625 = 250 000（元）

2. 本月发生的脱离定额为：

直接材料脱离定额差异 = 193 750 - 190 125 = 3 625（元）

直接人工脱离定额差异 = 149 340 - 148 125 = 1 215（元）

制造费用脱离定额差异 = 243 800 - 246 875 = - 3 075（元）

3. 本月发生的材料成本差异为：（190 125 + 3 625）× 1.2% = 2 325（元）

4. 月初在产品定额变动差异为：

定额变动系数 = 487.5 ÷ 500 = 0.975

月初在产品定额变动差异 = 20 000 ×（1 - 0.975）= 500（元）

5. 在完工产品和月末在产品之间分配各种差异：

为了简化计算，材料成本差异和定额变动差异全部由完工产品负担，脱离定额差异要在在完工产品和月末在产品之间进行分配，分配脱离定额差异时一般按完工产品和月末在产品的定额成本为标准进行分配。

直接材料脱离定额差异分配率 = 2 375 ÷（195 000 + 14 625）= 1.13%

完工产品应分配的脱离定额差异 = 195 000 × 1.13% = 2 203.5（元）

月末在产品应分配的脱离定额差异 = 2 375 - 2 203.5 = 171.5（元）

直接人工和制造费用脱离定额差异的分配计算过程同上。

6. 计算完工产品的实际总成本和单位成本：见表 8 - 14

表 8 - 14 产品成本计算单

2013 年 9 月

产品:乙产品 产量:400 件 单位:元

项目	直接材料	直接人工	制造费用	合计
一、月初在产品成本				
定额成本	20 000	7 500	12 500	40 000
脱离定额差异	-1 250	652.5	1 000	402.5
二、月初在产品定额调整				
定额成本调整	-500			-500
定额变动差异	500			500
三、本月发生的生产费用				
定额成本	190 125	148 125	246 875	585 125
脱离定额差异	3 625	1 215	-3 075	1 765
材料成本差异	2 325			2 325
四、生产费用合计				
定额成本	209 625	155 625	259 375	624 625
脱离定额差异	2 375	1 867.5	-2 075	2 167.5
材料成本差异	2 325			2 325
定额变动差异	500			500
五、差异分配率	1.13%	1.2%	-0.8%	
六、完工产品成本				
定额成本	195 000	150 000	250 000	595 000
脱离定额差异	2 203.5	1 800	-2 000	2 003.5
材料成本差异	2 325			2 325
定额变动差异	500			500
实际总成本	200 028.5	151 800	248 000	599 828.5
实际单位成本	500.07125	379.5	620	1499.57125
七、月末在产品				
定额成本	14 625	5 625	9 375	29 625
脱离定额差异	171.5	67.5	-75	164

定额法的产生不是为了解决成本计算对象问题而产生的，它与产品的生产类型没有直接的联系，因此定额法适用于各种类型的生产。定额法作为产品成本计算的辅助方法，不能单独应用，而必须与确定产品成本计算对象的各种基本方法结合起来应用。

定额法的主要优点是通过生产耗费及其脱离定额和计划的差异的日常核算，能在各项耗费发生的当时反映和监督脱离定额（或计划）的差异，以便及时有效地节约生产耗费，降低产品成本；对产品的实际成本按定额成本和各种差异分别反映，便于对各项生产耗费和产品成本进行定期分析，有利于挖掘降低成本的潜力；通过脱离定额差异和定额变动差异的核算，有利于提高成本的定额管理和计划管理水平；利用现有的定额成本资料，能够比较合理、简便地解决完工产品和月末在产品之间分配费用（即分配各种成本差异）的问题。但采用定额法计算产品成本，必须制定定额成本，单独核算脱离定额差异，在定额变动时还必须修订定额成本资料，因此核算工作量较大。

【本章小结】

本章主要介绍了产品成本计算的两种辅助方法:分类法和定额法。这两种方法与企业生产类型的特点没有直接联系，只要具备应用条件就可以采用。分类法对于简化成本计算工作，定额法对于加强企业的定额管理、有效地进行成本控制，都发挥着非常重要的作用。

分类法是以产品的类别作为成本计算对象，归集生产费用、计算产品成本的一种方法。主要适用于产品品种、规格繁多，并且可以按照一定要求和标准划分为类别的企业。分类法是为了简化成本计算工作而采用的一种成本计算方法，它与企业的生产类型没有直接联系。只要企业的产品可以按照其性质、用途和生产工艺等方面的特点划分为一定类别，如同类产品、联产品、副产品成本的计算，都可以采用分类法。

定额法是将产品成本计划、控制、分析与核算有机结合起来，以便加强成本管理所采用的一种成本计算方法。采用定额法以产品定额成本为基础，结合产品实际成本脱离定额的差异和产品成本定额变动差异等，来计算产品实际成本的方法。它适用于定额管理制度比较健全、定额管理工作的基础较好、产品的生产已经定型、消耗定额比较准确稳定的企业。

【复习思考题】

1. 什么是成本计算的分类法？其适用范围如何？
2. 分类法有什么特点？
3. 采用分类法计算产品成本一般分哪些步骤？
4. 在分类法下，如何计算类内各种产品的成本？
5. 成本计算的定额法有哪些特点？
6. 采用定额法计算产品成本一般分哪些步骤？
7. 什么是联产品、副产品和等级品？它们有哪些区别和联系？

第九章　成本报表的编制和分析

【学习目标】

★知识目标：

·了解成本报表的意义和作用。

·熟悉成本报表的特点。

·了解成本分析应遵循的原则。

·掌握成本分析的基本方法。

·了解成本报表编制的基本要求。

·掌握产品生产成本报表的编制和分析方法。

·掌握主要产品单位成本表的编制和分析方法。

·了解制造费用明细表、管理费用明细表、销售费用明细表、财务费用明细表的编制和分析方法。

★能力目标：

·根据企业现实的成本资料及其他相关资料，编制产品生产成本表和主要产品单位成本表。

·结合企业实际，运用成本分析的基本方法，对现实成本报表进行初步分析。

案例导入

新兴公司为全面了解和掌握成本计划完成的情况，检查成本管理行为的合理合法性，总结成本管理的经验，认识和掌握成本变动的规律，促进企业不断降低产品成本，努力提高经济效益，责成财务部门牵头召开了2010年度成本管理工作研讨会。在研讨会上财务总监通报了成本执行情况，提出了成本管理上存在的主要问题。他认为，公司部分产品单位成本比计划超支1.1%－2.08%的情况，必须引起各部门的高度重视，部分产品单位成本上升，固然存在原材料供应价格上涨的客观因素，但工资费用在小时工资率下降0.10元的情况下，甲产品单位产品的直接工资超支了12.24元，暴露出公司在劳动用工、生产工艺和生产组织等方面存在的问题。

财务总监的分析有道理吗？如果你来分析，人工成本超支的原因会有哪些？

第一节　成本报表概述

一、成本报表及其作用

成本报表是为满足企业内部管理需要，根据日常成本核算资料及其他有关资料定期编制的，用以反映和监督企业一定时期产品成本和期间费用水平及其构成情况的会计报表。成本报表一般不对外公开和报送。

正确及时地编制成本报表，对加强企业成本管理和节约成本费用支出具有重要作用：

第一，企业和主管企业的上级机构利用成本报表，可以检查企业成本计划的执行情况，考核企业成本工作绩效，对企业成本工作进行评价。

第二，通过成本报表分析，可以揭示影响产品成本指标和费用项目变动的因素和原因，从生产技术、生产组织和经营管理等各个方面挖掘降低成本费用的潜力，提高企业的经济效益。

第三，成本报表提供的实际产品成本和费用支出资料，不仅可以满足加强日常成本费用管理的需要，而且是企业进行成本和利润预测、决策、编制成本计划、制定产品价格的重要依据。

二、成本报表的分类

由于企业的成本报表主要是服务于企业内部经营管理的报表，所以其报表种类、格式、内容和编制时间，一般由企业及其主管部门根据生产经营的特点和企业管理的具体要求而定。一般地说，成本报表应编制及时，与生产工艺过程联系紧密，与企业内部管理的要求相适应。成本报表是反映企业在一定时期内的成本费用发生情况，因此它属于动态报表，是企业做出经营决策的一个重要信息来源，一般按月编制。以制造企业为例，目前企业经常编制的成本报表主要有：产品生产成本表、主要产品单位成本表、制造费用明细表、销售费用明细表、管理费用明细表和财务费用明细表等。各种成本报表之间具有一定的内在联系，它们相互补充，构成了一个完整的反映企业成本费用发生和成本费用执行情况的报表体系。

三、成本报表的特点

成本报表作为对内报表，与现行会计准则规定的对外报表相比较，具有以下特点：

编制成本报表的目的主要是满足企业内部经营管理的需要，因而更具有针对性。企业对外提供的财务报表是为政府部门、企业投资者、债权人以及企业内部管理者服务的，反映企业的财务状况和经营成果以及现金流量的情况。在市场竞争日益激烈的条件下，成本是企业之间竞争的秘密，不再对外公开，因而成本报表的内容要有针对性，满足成本管理者对成本信息的需求，从而更好地对成本形成、费用发生进行管理，提高成本管理水平。

成本报表的种类、格式和内容由企业自行确定，具有灵活性。现行会计准则中规定的财务报表的种类、格式、内容及编制方法等均由财政部统一规定，企业不能随意改动。成本报表则不同，报表的种类、格式、内容及编制方法由企业自行设计确定以适应不同的管理要求，满足不同的管理目的。但如果主管企业的上级机构要求企业将成本报表作为会计报表的附表上报，或为了比较不同企业的成本指标，以考核工作业绩等特殊需要，则企业成本报表的种类、格式、项目内容及编制方法由主管企业会同兄弟企业共同商定。

成本报表作为对内报表更注重时效性。企业的财务报表一般都是定期向外编报，而成本报表为及时反馈成本信息，揭示成本管理工作中的问题，可采用日报、周报、旬报的形式，定期或不定期地编报成本费用情况及有关技术经济指标的变动情况，以充分发挥成本报表及时指导生产的作用。

第二节 成本报表分析概述

一、成本分析的原则

成本管理的根本目的是不断节约费用支出，降低产品成本，而成本分析则是寻求降低产品成本途径的主要手段。成本分析是成本核算工作的继续，贯穿于成本管理的全过程，包括事前分析、事中分析和事后分析。成本报表分析属于事后分析。它是以成本报表提供的资料和有关的计划（或定额）资料为依据，运用科学的分析方法，通过分析各项指标的变动及指标间的相互关系，揭示成本计划的完成情况，分析指标变动的因素和原因，寻求降低成本的途径和方法。

进行成本分析应遵循以下原则：

第一，全面分析与重点分析相结合。成本报表的全面分析是指成本分析内容的全局性和广泛性，它要求做到以成本形成的全过程为对象，结合生产经营各阶段的不同特点进行事前预测分析、事中控制分析和事后查核分析，还要注意突出重点、抓住关键、加强对主要问题的分析研究，进而提出改进措施，促使企业不断降低产品成本。

第二，定量分析与定性分析相结合。定量分析是通过对成本变动数量的分析，来揭示成本指标变动情况及各因素的影响程度；而定性分析法是通过对成本性质的分析，揭示影响成本费用各因素的性质、内部联系及其变动趋势。定量分析是定性分析的基础，成本分析必须在定量分析的基础上进行科学的定性分析，才能收到良好的效果。

第三，纵向分析与横向分析相结合。进行成本分析时，不仅要立足企业内部本期指标与上期指标、本期计划指标、历史先进水平指标等的纵向分析，而且要与国内外同行业先进水平相比较，找差距，以取长补短，达到或超过先进水平。

第四，成本分析与成本考核相结合。为使成本分析更深入，应将成本分析同企业内部各部门的业绩考核相结合，将成本降低任务落实到各部门，使各部门的责任目标更具体、更明确，以达到成本分析的目的。

二、成本报表的分析方法

常见的成本分析方法有：比较分析法、比率分析法、连环替代法、差额计算法。

（一）比较分析法

比较分析法又叫对比分析法，是通过实际数与基数的对比来揭示实际数与基数之间差异的方法。在比较分析法下，对比的基数因分析目的的不同而不同，一般有计划数、定额数、标准数、前期实际数及本企业历史先进水平或国内外同行业企业的先进水平等。

采用比较分析法应注意，只有同质指标、口径一致或计算基础一致的指标才能对比。根据分析需要，比较分析可采用绝对数分析，也可采用相对数分析。绝对数分析就是分析实际数与基数之间的绝对增减额，相对数分析就是分析实际数与基数之间增减额占基数的百分比。例如，本期产品实际单位成本 100 元，计划单位成本 105 元，实际比计划绝对减少了 5 元，相对减少了 5%。

（二）比率分析法

比率分析法是通过计算和对比经济指标的比率，进行数量分析的一种方法。采用这一方法，首先需要将对比的数值以相对数（比率）的形式出现，然后再进行对比分析。比率分析法有相关指标比率分析、构成比率分析和动态比率分析三种具体方法。

1. 相关指标比率分析

相关指标比率分析是将两个性质不同但又相关的指标对比，求出比率，然后再以实际数与计划数（或前期实际数）进行对比分析的方法。相关指标比率一般有产值成本率、销售收入成本率、成本利润率等。这些指标的计算公式如下：

产值成本率 = 产品成本/产品产值 ×100%

销售收入成本率 = 产品成本/产品销售收入 ×100%

成本利润率 = 利润总额/产品成本 ×100%

不同企业或同一企业的不同时期，由于生产规模不同，有些指标不具有可比性，采用相关比率分析法，就可以剔除企业规模的影响，把不可比指标变为可比指标。

2. 构成比率分析

构成比率是某项经济指标的各个组成部分占总体的比重。例如，将构成产品成本的各个成本项目同产品成本总额相比，计算各成本项目占总成本的比重，确定成本的构成比率。将不同时期的成本构成比率相比较，可以了解成本结构是否合理。如产品成本的构成比重用公式表示如下：

直接材料费用比重 = 直接材料费用/产品成本 ×100%

直接人工费用比重 = 直接人工费用/产品成本 ×100%

制造费用比重 = 制造费用/产品成本 ×100%

3. 动态比率分析

动态比率分析（趋势分析）是将不同时期同类指标的数值对比求出比率，进行动态比较，据以分析该项指标的增减速度和变化趋势。例如新兴公司甲产品 2010 年四个季度实际单位成本分别为 80 元、82 元、85 元、90 元，如果以第一季度为基期，则以 80 元为基数，规定为 100%，其他各季度产品单位成本与之相比的定基比率如下：

第二季度：82 ÷ 80 ×100% = 102.5%

第三季度：85 ÷ 80 ×100% = 106.25%

第四季度：90 ÷ 80 ×100% = 112.5%

通过计算可以看出甲产品单位成本第二、第三、第四季度依次有上升的趋势。

如果分别以上季度为基期，可计算各季度环比的比率如下：

第二季度比第一季度：82 ÷ 80 ×100% = 102.5%

第三季度比第二季度：85 ÷ 82 ×100% = 103.66%

第四季度比第三季度：90 ÷ 85 ×100% = 105.88%

(三)连环替代法

连环替代法也称因素分析法，它将综合经济指标分解为各个原始构成因素，并确定各个因素变动对该指标的影响程度的一种分析方法。

连环替代法是将综合经济指标分解为各个因素后，以各因素的实际数按顺序替换比较的标准数，从而计算各因素变动对该指标的影响程度的方法。

运用连环替代法进行分析计算，应遵循以下顺序：

1. 确定构成综合经济指标的影响因素。

2. 根据因素的依存关系，按一定顺序排列因素。

3. 确定比较的标准数据后，依次以各因素的本期实际数代替该因素的标准数，每次替换都计算出新的数据，直至最后计算出该指标的实际数据。

4. 以每次替换后计算出的新数据，减去前一个数据，其差额即为该因素变动对经济指标的影响程度。

5. 综合各因素的影响数额，其代数和应等于该经济指标的实际数据与标准数据的差异。

以下以材料费用总额变动分析为例说明连环替代法的应用。新兴公司材料费用总额的计划数及实际数见下表 9－1 所示。

表 9－1　材料费用实际与计划对比分析表

指标	单位	计划数	实际数	差异
产量	件	20	21	+1
单位产品材料耗用量	千克	18	17	－1
材料单价	元	10	12	+2
材料费用总额	元	3 600	4 284	+684

表 9－1 所示材料费用总额实际数与计划数之间的差异，是由于产量增加、单位产品材料耗用量降低和材料单价升高三个因素综合影响的结果。各因素的具体影响程度计算如下：

以计划数为基数　　$20 \times 18 \times 10 = 3\ 600$　　①

第一次替换　　$21 \times 18 \times 10 = 3\ 780$　　②

②－①为产量变动的影响数：$3\ 780 - 3\ 600 = 180$(元)

第二次替换　　$21 \times 17 \times 10 = 3\ 570$　　③

③－②为单位产品材料消耗变动的影响数：$3\ 570 - 3\ 780 = -210$(元)

第三次替换　　$21 \times 17 \times 12 = 4\ 284$　　④

④－③为材料单价变动的影响数：$4\ 284 - 3\ 570 = 714$(元)

综合三因素的影响数：　　$180 - 210 + 714 = 684$(元)

通过计算可以看出，虽然单位产品材料消耗量降低使材料费用节约 210 元，但由于产量增加，特别是材料单价的提高，使材料费用增加 894 元，三因素综合影响使材料费用增高 684 元，应进一步分析查明材料消耗节约和材料价格升高的原因，才能做出综合评价。

(四)差额计算法

差额计算法是连环替代法的一种简化形式，运用这一方法时，先确定各因素实际数与计划数之间的差异，然后按各因素的排列顺序，依次求出各因素变动的影响程度。仍沿用连环替代法的数据资料说明差额计算法的具体运用。

1. 分析对象:4 284 - 3 600 = 684(元)

2. 各因素影响程度:

产量变动影响 = (+ 1) × 18 × 10 = 180(元)

单位产品材料消耗变动的影响 = 21 × (- 1) × 10 = - 210(元)

材料单价变动影响 = 21 × 17 × (+ 2) = 714 元)

合计:180 - 210 + 714 = 684(元)

第三节 成本报表的编制和分析

一、成本报表的编制要求

成本报表的编制要符合会计报表编制的一般要求，做到数字真实、计算准确、内容完整、报送及时。另外，根据成本报表的特性，成本报表的编制还应该注重报表指标的实用性和报表内容的针对性。

成本报表指标的实用性，要求企业设置的成本报表，要符合企业生产经营的特点，满足企业成本管理的要求。成本报表的种类要满足企业自身需要，各项指标应体现实用性原则，成本报表的指标项目应当简明实用。

报表内容的针对性，要求企业设置的成本报表，其种类、格式和指标内容要有针对性，既能反映成本的全貌，又能反映成本管理中的某一专门问题，或者针对企业某一具体业务的特点而设置，只有指标内容具有针对性，才能突出成本管理工作中的重点，满足成本管理各方面的专门需要，才能有针对性地采取措施，及时解决生产经营活动和管理工作中的问题。

二、产品生产成本表的编制和分析

产品生产成本报表是反映企业在报告期内生产的产品总成本的报表。该表一般分为两种:一种按产品品种反映，另一种按成本项目反映。

(一)按产品品种反映的产品生产成本表的编制和分析

1. 按产品品种反映的产品生产成本表的结构

按产品品种反映的产品生产成本表分为基本报表和补充资料两部分。基本报表部分按可比产品和不可比产品分别填列。可比产品是指企业过去正式生产过，有完整现成的成本资料可供比较的产品;不可比产品是指企业本年度首次投产的新产品，缺乏可比的成本资料。在成本计划中，对不可比产品只规定有本年计划成本，而对可比产品不仅规定有计划成本资料，而且规定有成本降低指标，即本年可比产品计划成本比上年度(或以前年度)实际成本的降低额和降低率。

按产品种类反映的产品生产成本表基本部分一般分为产量、单位成本、本月总成本、本年累计总成本四部分。产量包括本月产量和本年累计产量，单位成本包括上年实际平均单位成本、本年计划单位成本、本月实际单位成本和本年累计实际平均单位成本等。为便于分析实际产量的总成本按不同单位成本分别计算从而形成本月总成本和本年累计总成本。

按产品种类反映的产品生产成本表补充资料部分只填列本年累计实际数。

2. 按产品品种反映的产品生产成本表的编制

第一，按产品种类反映的产品生产成本表基本部分各项目的填列方法如下：

产量栏中的实际产量，应根据产品成本明细账中的产量记录加上上月本表的累计实际数填列。

单位成本栏中上年实际平均单位成本，应根据上年度本表所列全年累计实际平均单位成本填列；本年计划单位成本，应根据本年度成本计划资料填列；本月实际单位成本，应根据产品成本明细账或产品成本汇总表中的有关资料填列；本年累计实际平均单位成本，应根据表中本年累计实际总成本除以本年累计实际产量计算填列。

本月总成本栏中的有关三个本月总成本是在本月实际产量的基础上分别乘以上年实际平均单位成本、本年计划单位成本、本月实际单位成本计算得来的。其中本月实际总成本也可以根据产品成本明细账或产品成本汇总表填列。

本年累计总成本栏中的有关三个累计总成本是在本年累计实际产量的基础上分别乘以上年实际平均单位成本、本年计划单位成本、本月累计实际单位成本计算填列。

第二，按产品种类反映的产品生产成本表补充资料部分的填列方法如下：

(1)可比产品成本降低额指可比产品累计实际总成本比按上年实际平均单位成本计算的累计总成本降低的数额(超支额用负数表示)。计算公式如下：

可比产品成本降低额 = 可比产品按上年实际平均单位成本计算的总成本 − 可比产品本年累计实际总成本

(2)可比产品成本降低率是指可比产品成本降低额与按上年实际平均单位成本计算的总成本的比率，超支率用负数表示。计算公式如下：

可比产品成本降低率 = 可比产品成本降低额 ÷ 可比产品按上年实际平均单位成本计算的总成本 × 100%

(3)按现行价格计算的产品产值，根据有关的统计资料填列。

(4)产值成本率，指产品总成本与产品产值的比率，通常以每百元产品产值总成本表示。计算公式如下：

产值成本率 = 产品总成本 ÷ 产品产值 × 100%

新兴公司2013年12月份生产成本表(按产品种类反映)编制如下：表9－2

表9－2　　产品生产成本表(按产品品种反映)

编制单位：新兴公司　　2013年12月　　单位：元

产品名称	计量单位	实际产量		单位成本				本月总成本			本年累计总成本		
		本月	本年累计④	上年实际平均	本年计划	本月实际	本年累计实际平均	按上年实际平均单位成本计算	按本年计划单位成本计算	本期实际	按上年实际平均单位成本计算	按本年计划单位成本计算	本年实际
		①	②	③	④	⑤ = ⑨ ÷ ①	⑥ = ⑫ ÷ ②	⑦ = ① × ③	⑧ = ① × ④	⑨	⑩ = ② × ③	⑪ = ② × ④	⑫

续表

1. 可比产品								19 400	19 100	18 850	270 000	266 000	269 400
甲产品	件	50	500	84	82	83	81	4 200	4 100	4 150	42 000	41 000	40 500
乙产品	件	20	300	760	750	735	763	15 200	15 000	14 700	228 000	225 000	228 900
2. 不可比产品									2 110	2 119		23 550	23 780
丙产品	件	8	70	125	128	126		1 000	1 024		8 750	8 820	
丁产品	件	3	40	370	365	374		1 110	1 095		14 800	14 960	
全部产品									21 210	20 969		289 550	293 180

补充资料(本年累计实际数):

(1)可比产品成本降低额600元(本年计划降低额2 800元)。

(2)可比产品成本降低率0.2222%(本年计划降低率1.5086%)。

(3)按现行价格计算的商品产值921 300元。

(4)产值成本率31.82元/百元(本年计划产值成本率31元/百元)。

3. 按产品品种反映的产品生产成本表的分析

根据产品成本表提供的有关成本信息，可以分析企业一定时期产品成本计划的完成情况，为进一步的因素分析指出方向，还可以分析可比产品成本降低计划的完成情况。

(1)对产品成本计划完成情况的分析，编制产品成本计划完成情况分析表:

表9-3　　本年累计全部产品成本计划完成情况分析表　　单位:元

产品名称	计划总成本	实际总成本	实际比计划升降额	实际比计划升降率(%)
1. 可比产品	266 000	269 400	+3 400	+1.28
甲产品	41 000	40 500	-500	-1.22
乙产品	225 000	228 900	+3 900	+1.73
2. 不可比产品	23 550	23 780	+230	+0.98
丙产品	8 750	8 820	+70	+0.80
丁产品	14 800	14 960	+160	+1.09
合计	289 550	293 180	+3 630	+1.25

表中数字计算:

本年累计全部产品成本实际比计划升降额=实际总成本-计划总成本=293 180-289 550=3 630(元)

本年累计全部产品成本实际比计划升降率=升降额÷计划总成本=3 630/289 550=1.25%

计算表明，本年累计全部产品实际总成本超过计划3 630元，上升1.25%，其中可比产品实际比计划超支3 400元，主要是乙产品成本超支3 900元，而甲产品成本还降低了500

元;不可比产品成本实际比计划超支230元,丙丁产品成本都超支了。显然,进一步分析的重点应查明乙产品成本超支的原因。

(2)对可比产品成本降低计划完成情况的分析

根据年初的成本计划,先编制可比产品成本降低计划表9-4:

表9-4 可比产品成本降低计划表 单位:元

可比产品	全年计划产量(件)	单位成本		总成本		计划降低指标	
		上年实际平均	本年计划	按上年实际平均单位成本计算	按本年计划单位成本计算	降低额	降低率(%)
甲	400	84	82	33 600	32 800	800	2.3810
乙	200	760	750	152 000	150 000	2 000	1.3158
合计				185 600	182 800	2 800	1.5086

可比产品成本降低计划完成情况详见下表9-5:

表9-5 可比产品成本降低计划完成情况分析表 单位:元

可比产品	总成本		计划完成情况	
	按上年实际平均单位成本计划	本期实际	降低额	降低率(%)
甲	42 000	40 500	1 500	3.5714
乙	228 000	228 900	-900	-0.3947
合计	270 000	269 400	600	0.2222

分析可比产品成本降低计划的完成情况,首先以可比产品成本实际降低额、降低率指标与计划指标进行对比,确定实际脱离计划的差异;其次确定影响可比产品成本降低计划完成情况的因素和各因素的影响程度;最后汇总各因素的影响程度与实际脱离计划的差异相符合。上例计算程序和结果详见9-6:

表9-6 各因素影响的可比产品成本降低情况计算表 单位:元

指标	降低额	降低率(%)
①在计划产量、计划品种构成和计划单位成本下的成本降低数	2 800	1.5086
②在实际产量、计划品种构成和计划单位成本下的成本降低数	270 000×1.5086% =4 073.22	1.5086
②-①产量变动的影响	1 273.22	0
③在实际产量、实际品种构成和计划单位成本下的成本降低数	270 000-266 000=4 000	4000/27 000×100% =1.4815
③-②品种结构变动的影响	-73.22	-0.0271

续表

④在实际产量、实际品种构成和实际单位成本下的成本降低数	270 000 - 269 400 = 600	600/27 000 × 100% = 0.2222
④ - ③单位成本变动的影响	- 3 400	- 1.2593
可比产品成本降低计划执行结果（各影响因素的代数和）	- 2 200	- 1.2864

根据以上结果，对可比产品成本降低计划完成情况分析如下：

总体来看企业未完成可比产品成本降低计划，实际比计划少降低 2 200 元，少降低 1.2864%。主要是由于产品单位成本上升、使成本少降低 3 400 元、降低率 - 1.2593%，其中主要是乙产品成本上升引起的。应进一步结合单位成本分析查明原因。产量增加使成本实际比计划多降低 1 273.22 元，品种结构变动使成本实际比计划少降低 73.22 元，这两方面的原因需结合生产分析和销售分析查明原因。

4. 按产品品种反映的产品生产成本表的作用

按产品品种反映的产品生产成本表提供的资料，可以考核全部产品和主要产品成本计划的执行结果以及可比产品成本降低任务的完成情况。

（二）按成本项目反映的产品生产成本表的编制和分析

1. 按成本项目反映的产品生产成本表的结构

按成本项目反映的产品生产成本表是汇总反映企业在报告期内发生的按成本项目反映的全部生产费用及产品生产成本合计数的成本报表。该表分为生产费用和产品生产成本两部分。生产费用部分按照成本项目反映报告期内发生的各种生产费用及其合计数；产品生产成本部分是在生产费用合计数的基础上，加上在产品、自制半成品的期初余额，减去在产品和自制半成品的期末余额，计算出产品生产成本的合计数。这些费用和成本还可以按照上年实际数、本年计划数、本月实际数和本年累计实际数分栏反映，以供比较和分析。

2014 年 12 月新兴公司编制的按成本项目反映的产品生产成本表见表 9 - 7。

表 9 - 7　　产品生产成本表（按成本项目反映）

项目	上年实际	本年计划	本月实际	本年累计实际
生产费用				
直接材料	74 523	72 757	7 065	81 886
直接人工	30 486	30 103	2 818	32 517
制造费用	47 412	42 654	4 207	49 283
生产费用合计	152 421	145 514	14 090	163 686
加：在产品、自制半成品期初余额	6 224	5 054	5 915	5 861
减：在产品、自制半成品期末余额	5 861	5 968	6 547	6 547
产品生产成本合计	152 784	144 600	13 458	163 000

2. 按成本项目反映的产品生产成本表的编制

(1)上年实际数:根据上年12月份编制的“产品生产成本表”中“本年累计实际数”栏的数据填列;

(2)本年计划数:根据成本计划的有关资料填列;

(3)本月实际数:根据本月生产成本明细账的资料分析填列;

(4)在产品、自制半成品的期初期末余额,根据各种产品成本明细账的期初期末在产品成本和各种自制半成品明细账的期初期末余额分别汇总填列;

(5)本年累计实际数:根据本月实际数加上上月份本表的本年累计实际数计算填列。

3. 按成本项目反映的产品生产成本表的分析

表9-7中的产品生产成本合计数,其本年累计实际数不仅高于上年实际数,而且也高于本年计划数,可见本年产品总成本是上升的。其原因是多方面的,可能由于生产耗费超支,提高了产品的单位成本;也可能由于产品产量和各种产品品种比重的变动引起的,应进一步分析具体原因,才能对产品成本总额的降低是否合理、有利作出评价。

4. 按成本项目反映的产品生产成本表的作用

按成本项目反映的产品生产成本表可以从生产费用和产品生产成本两部分反映上年实际数、本年计划数、本月实际数、本年累计实际数,以供比较和分析。

三、主要产品单位成本表的编制和分析

主要产品单位成本表是反映企业在报告期内生产的各种主要产品单位成本构成情况的报表。该表按主要产品分别编制,是产品生产成本表(按产品种类反映)的补充。

(一)主要产品单位成本表的结构

主要产品单位成本表可以分为按成本项目反映的单位成本和主要技术经济指标两部分。单位成本分别反映历史先进水平、上年实际平均、本年计划、本月实际和本年累计实际平均;主要技术经济指标主要反映原材料、主要材料、燃料和动力的消耗数量。

(二)主要产品单位成本表的编制

主要产品单位成本表的编制方法如下:

表头部分的产品销售售价根据产品定价表填列;本月实际产量、本年累计实际产量应根据产品生产成本表中该产品的产量资料填列。

表中历史先进水平成本应根据历史上该种产品成本最低年度的实际平均单位成本填列;上年实际平均单位成本、本年计划单位成本、本月实际单位成本、本年累计实际平均单位成本也应根据产品生产成本表中的单位成本资料填列。如果是不可比产品,则不填列历史先进水平单位成本和上年实际平均单位成本。

主要技术经济指标部分,应根据企业或上级管理部门规定的指标名称和计算方法计算填列。

现列示新兴公司2013年12月份甲产品单位成本表,见下表9-8。

表 9-8 主要产品单位成本表

编制单位:新兴公司 2013 年 12 月

产品名称:甲产品 产品销售单价:82 元

产品规格: 本月实际产量:1 600 件

计量单位:件 本年累计实际产量:20 000 件

成本项目	历史先进水平	上年实际平均	本年计划	本月实际	本年累计实际平均
直接材料	24	24.4	24	26.4	26.6
直接人工	10.2	9.8	9.6	10.4	10.8
制造费用	14	14.3	13.4	14.8	14.8
生产成本	48.2	48.5	47	51.6	52.2
主要技术经济指标	耗用量	耗用量	耗用量	耗用量	耗用量
1. 主要材料(公斤)	5.8	6.2	6	5.28	5.3
2. 工时(小时)	7.8	8	8	6.5	6.6

(三)主要产品单位成本表的分析

对主要产品单位成本的分析，在于揭示产品单位成本及各成本项目的变动情况，尤其是各项消耗定额的执行情况;查明产品单位成本升降的具体原因。上列甲产品单位成本表所列资料表明，该产品的本年累计实际平均单位成本和本月实际单位成本不仅均高于本年计划成本，而且还高于上年实际平均和历史先进水平，可见成本超支的情况是比较严重的。因此应进一步按其成本项目和主要技术经济指标进行具体的分析。

1. 直接材料费用的分析

降低材料成本是降低产品成本的重要途径，特别是直接材料费用占产品成本比重较大的产品，直接材料项目更应作为产品单位成本分析的重点。影响产品单位成本中直接材料费用变动的因素，主要是单位产品材料消耗量和单位材料价格两个因素。

根据连环替代的原理，可以按以下公式计算：

耗用量变动对材料成本的影响 =(单位产品材料本年实际用量 - 单位产品材料本年计划用量)× 材料本年计划价格

价格变动对材料成本的影响 =(材料本年实际价格 - 材料本年计划价格)× 单位产品材料本年实际用量

分析产品单位成本中直接材料费用变动的原因，应当根据直接材料的具体组成内容以及各种材料消耗量和价格资料，按照上述两个公式分别计算材料耗用量和价格变动对成本的影响，查明直接材料费用超支或节约的原因。

2. 直接人工费用的分析

在上例甲产品单位成本的直接人工费用中，本年累计实际平均数高于本年计划数，但本月实际数低于本年累计实际平均数，说明情况已明显好转。该企业实行的工资制度如果是计件工资，这些变动主要是由于计价单价变动引起的，应该查明该产品计件单价变动的原因。如果是计时工资制度，单位成本中的直接人工费用是根据单位产品所耗工时数和每小时的工资费用分配计入的，可以比照直接材料费用采用差额计算分析法进行分析，计算产品所耗工时数变动和每小时工资费用变动对直接人工费用的影响。

3. 制造费用的分析

制造费用作为间接计入费用，一般是根据生产工时等分配标准分配计入的。因此，产品单位成本中制造费用的分析，通常与计时工资制下直接人工费用的分析相类似，要首先分析单位产品所耗工时变动和每小时制造费用变动两个因素对制造费用变动的影响，然后查明这两个因素变动的具体原因。

4. 主要技术经济指标的分析

这一方面分析主要是通过本月实际数和本年累计实际平均数与本年计划数、上年实际平均数和历史先进水平分别进行对比、揭示差异，进而查明发生差异的具体原因。

（四）主要产品单位成本表的作用

主要产品单位成本表是对产品生产成本表的有关单位成本所作的进一步补充说明。根据该表可以考核各种主要产品单位成本计划的执行结果，分析各成本项目和消耗定额的变化及其原因，分析成本构成的变化趋势等。总之，该表有助于分析成本变动的内在原因，挖掘降低成本的潜力。

四、制造费用明细表的编制和分析

制造费用明细表是反映企业在报告期内发生的制造费用及其构成情况的报表。该表只反映基本生产车间制造费用。因为企业的辅助生产车间的制造费用已经在辅助生产费用核算时进行了分配和结转，由基本车间负担的辅助生产费用也已经计入基本车间的制造费用明细账中。

（一）制造费用明细表的结构

制造费用明细表按费用项目分别反映各项费用的上年同期实际数、本年计划数、本月实际数和本年累计实际数。

（二）制造费用明细表的编制

制造费用明细表的上年同期实际数应根据上年同期本表的本月实际数填列；本年计划数应根据本年制造费用计划填列；本月实际数应根据“制造费用”总账科目所属各基本生产车间制造费用明细账的本月合计数填列；本年累计实际数应根据上月该表该项目数加上本月实际数填列。

现列示新兴公司2013年12月份的制造费用明细表，见表9－9。

表 9－9

制造费用明细表

2013 年 12 月

单位：元

费用项目	上年同期实际数	本年计划数	本月实际数	本年累计实际数
工资及福利费	7 910	82 340	8 260	85 680
折旧费	5 630	62 460	5 780	64 230
修理费	5 120	57 320	5 240	59 750
办公费	5 340	54 080	5 370	55 340
水电费	4 210	48 910	4 330	50 870
机物料消耗	3 870	41 650	3 900	43 660
劳动保护费	4 150	45 130	4 270	47 730
在产品盘亏损失	2 480			22 670
停工损失			2 850	25 740
其他	1 810	34 650	2 070	37 160
合计	40 520	426 540	42 070	492 830

（三）制造费用明细表的分析

为了具体分析制造费用增减变动和计划执行情况及其原因，在采用对比法时，应该按照费用项目进行分析。由于制造费用的项目很多，分析时应该选择超支或节约数额较大或费用比重较大的项目有重点地进行。在采用构成比率分析法时，先要计算某项费用占制造费用的构成比率，然后将这些构成比率与企业或车间的生产、技术特点联系起来，分析其构成是否合理。

各项制造费用的性质和用途不同，评价各项目费用超支或节约时应该联系费用的性质和用途具体分析，不能简单地将一切超支都看成是不合理的、不利的，也不能简单地将一切节约都看成是合理的、有利的。例如，修理费的节约，可能使机器带病运转，影响机器寿命；劳动保护费的节约可能因缺少必要的劳动保护措施，影响安全生产。只有保证机器设备的维修质量和正常运转，保证安全生产的条件下节约修理费和劳动保护费才是合理的、有利的。又如，机物料消耗的超支也可能是由于追加了生产计划、增加了开工班次，相应增加了机物料消耗的结果。这样的超支也是合理的，不是成本管理的责任。

（四）制造费用明细表的作用

通过制造费用明细表提供的资料，可以了解报告期内制造费用的实际支出水平；可以考核制造费用计划的执行情况；可以判断制造费用的变化趋势，以便加强对制造费用的控制和管理等。

五、销售费用、管理费用和财务费用明细表的编制和分析

（一）销售费用明细表的结构和编制

销售费用明细表是反映企业在报告期内发生的全部销售费用及其构成情况的报表。其格式见表 9－10。

表 9－10

销售费用明细表

编制单位:新兴公司　　2013 年 12 月　　单位:元

项目	本年计划数	上年同期实际数	本月实际数	本年累计实际数
工资	2 800	2 700	710	2 708
职工福利费	390	370	90	379
业务费	1 000	980	105	1 050
运输费	3 650	3 880	400	3 780
装卸费	2 010	2 000	200	1 990
包装费	3 755	3 850	350	3 870
保险费	950	1 010	86	986
广告费	5 100	5 105	615	5 120
差旅费	1 450	1 500	580	1 580
低值易耗品摊销	675	635	70	640
办公费	920	910	95	896
折旧费	810	800	75	796
合计	23 510	23 740	3 376	23 795

销售费用明细表的结构分为“本年计划数”、“上年同期实际数”、“本月实际数”和“本年累计实际数”四栏。其中，“本年计划数”应根据本年产品销售费用计划填列；“上年同期实际数”应根据上年同期本表的累计实际数填列；“本月实际数”应根据销售费用明细账的本月合计数填列；“本年累计实际数”应根据销售费用明细账的本月末累计数填列。

(二)管理费用明细表的结构和编制

管理费用明细表是反映企业在报告期内发生的全部管理费用及其构成情况的报表。新兴公司编制的管理费用明细表见表 9－11 所示。

表 9－11

管理费用明细表

编制单位:新兴公司　　2013 年 12 月　　单位:元

项目	本年计划数	上年同期实际数	本月实际数	本年累计实际数
工资	9 855	9 850	980	9 950
职工福利费	1 400	1 380	125	1 393
折旧费	3 480	3 340	350	3 350
办公费	1 200	1 150	255	1 231
差旅费	3 200	3 200	350	3 220
运输费	4 900	4 850	515	4 908
保险费	2 010	2 000	175	2 080
修理费	2 890	2 780	315	2 960

续表

排污费	1 800	1 750	190	1 880
物料消耗	925	920	68	930
低值易耗品摊销	820	810	95	818
无形资产摊销	680	655	70	690
咨询费	785	780	80	790
研究开发费	485	480	80	490
业务招待费	3 900	3 850	390	3 960
绿化费	2 100	2 050	220	2 180
房产税	2 300	2 300	230	2 310
印花税	2 800	2 780	250	2 820
材料盘亏毁损	7 150	7 100	710	7 180
技术转让费	660	650	55	652
合计	53 340	52 675	5 503	53 792

管理费用明细表的结构分为“本年计划数”、“上年同期实际数”、“本月实际数”和“本年累计实际数”四栏。其中，“本年计划数”应根据企业行政管理部门的管理费用计划数填列；“上年同期实际数”应根据上年同期本表的累计实际数填列；“本月实际数”应根据管理费用明细账的本月合计数填列；“本年累计实际数”应根据管理费用明细账的本月末累计数填列。

（三）财务费用明细表的结构和编制

财务费用明细表是反映企业在报告期内发生的全部财务费用及其构成情况的报表。新兴公司编制的财务费用明细表如下表 9－12 所示。

表 9－12　　财务费用明细表

编制单位：新兴公司　　2013 年 12 月　　单位：元

项目	本年计划数	上年同期实际数	本月实际数	本年累计实际数
利息支出（减利息收入）	4 350	4 200	450	4 250
汇兑损失（减汇兑收益）	2 300	2 300	325	2 360
调剂外汇手续费	900	890	75	898
金融机构手续费				
其他筹资费用				
合计	7 550	7 390	850	7 508

销售费用明细表的结构分为“本年计划数”、“上年同期实际数”、“本月实际数”和“本年累计实际数”四栏。其中，“本年计划数”应根据本年财务费用计划填列；“上年同期实际数”应根据上年同期本表的累计实际数填列；“本月实际数”应根据财务费用明细账的本月合计数填列；“本年累计实际数”应根据财务费用明细账的本月末累计数填列。

（四）销售费用明细表、管理费用明细表和财务费用明细表的分析

为了具体分析期间费用增减变动和计划执行情况及其原因，在采用对比法时，应该按照

费用项目进行分析。由于销售费用、管理费用、财务费用的项目很多，分析时应该选择超支或节约数额较大或费用比重较大的项目有重点地进行。在采用构成比率分析法时，先要计算某项费用占销售费用、管理费用、财务费用的构成比率，然后将这些构成比率与企业的生产经营特点联系起来，分析其构成是否合理。

（五）销售费用明细表、管理费用明细表和财务费用明细表的作用

通过销售费用、管理费用、财务费用明细表提供的资料，可以了解报告期内期间费用的实际支出水平；可以考核期间费用计划的执行情况；可以判断期间费用的变化趋势，以便加强对期间费用的控制和管理等。

【本章小结】

成本报表也称内部报表，它是企业根据日常成本核算资料及其他有关资料定期编制的，用以反映和监督企业一定时期产品成本和期间费用水平及其构成情况的会计报表。

目前企业经常编制的成本报表主要有：产品生产成本表、主要产品单位成本表、制造费用明细表、销售费用明细表、管理费用明细表和财务费用明细表等。各种成本报表之间具有一定的内在联系，它们相互补充，构成了一个完整的反映企业成本费用发生和成本费用执行情况的报表体系。

产品生产成本报表是反映企业在报告期内生产的产品总成本的报表。该表一般分为两种：一种按产品品种反映，另一种按成本项目反映。按产品品种反映的产品生产成本表分为基本报表和补充资料两部分，基本报表部分按可比产品和不可比产品分别填列，在成本计划中，对不可比产品只规定有本年计划成本，而对可比产品不仅规定有计划成本资料，而且规定有成本降低指标，即本年可比产品计划成本比上年度（或以前年度）实际成本的降低额和降低率；按成本项目反映的产品生产成本表是汇总反映企业在报告期内发生的按成本项目反映的全部生产费用及产品生产成本合计数的成本报表，该表分为生产费用和产品生产成本两部分。

主要产品单位成本表是反映企业在报告期内生产的各种主要产品单位成本构成情况的报表。该表按主要产品分别编制，是产品生产成本表（按产品种类反映）的补充。

制造费用明细表是反映企业在报告期内发生的制造费用及其构成情况的报表。该表只反映基本生产车间制造费用。因为企业的辅助生产车间的制造费用已经在辅助生产费用核算时进行了分配和结转，由基本车间负担的辅助生产费用也已经计入基本车间的制造费用明细账中。

期间费用报表包括管理费用明细表、财务费用明细表、销售费用明细表。

成本报表分析是按照一定原则、采用一定方法，利用成本计划、成本核算和其他有关资料，揭示成本计划完成情况，查明成本升降的原因，寻求降低成本的途径和方法，以达到用最少的劳动消耗取得最大的经济效益的目的。

成本分析的方法主要有对比分析法、比率分析法、连环替代法、差额计算法。

【复习思考题】

1. 成本报表有什么作用？
2. 成本报表有哪些特点？
3. 成本分析应遵循什么原则？
4. 成本分析一般采用哪些具体方法？
5. 成本报表编制的基本要求是什么？
6. 如何编制和分析全部产品生产成本表？
7. 如何编制和分析主要产品单位成本表？

参考文献

[1]刘志娟. 成本会计[M]. 北京:机械工业出版社,2007.
[2]王俊生, 黄贤明. 成本会计模拟实训[M]. 北京:中国人民大学出版社,2007.
[3]马力. 新编成本会计实务[M]. 北京:电子工业出版社,2009.
[4]于冬梅. 成本会计[M]. 上海:上海财经大学出版社,2007.
[5]冯浩. 成本会计理论与实务[M]. 北京:清华大学出版社,2007.
[6]吴丽新. 新编成本会计实训[M]. 大连:大连理工大学出版社,2007.
[7]黄建飞. 成本会计[M]. 大连:大连理工大学出版社,2008.
[8]胡中艾. 成本会计[M]. 北京:高等教育出版社,2010.
[9]杨惠贞,王素玲. 新编成本会计实务[M]. 北京:北京交通大学出版社,2011.
[10]杜国用. 新编成本会计[M]. 北京:清华大学出版社,2007.
[11]财政部. 企业会计准则 2006. 北京:经济科学出版社,2006.
[12]财政部. 企业会计准则:应用指南 2006. 北京:中国财政经济出版社,2006.
[13]陈云. 成本会计[M]. 上海:立信会计出版社,2009.
[14]江希和,向有才. 成本会计教程与案例[M]. 上海:立信会计出版社,2009.
[15] 郭春林,成本会计[M]. 南京:南京大学出版社,2010.
[16]孙革新. 新编成本会计[M]. 大连:大连理工大学出版社,2007.

读者反馈意见

亲爱的读者：

感谢您对《成本会计理论与实务》的支持和热爱，为了今后为您提供更好的服务，请您抽出宝贵的时间来填写下面的意见反馈表，以便我们更好地对本教材做进一步改进，同时如果您在使用本教材的过程中遇到了什么问题，或者有什么好的建议，也请您来信、来电告诉我们。

地址：北京市丰台区科学城南极星大厦108室

电话：010 - 83794590/83794403

电子邮箱：caikai6223@263.net　QQ：649319527　QQ：1694299827

网址：WWW.KFHWH.CN

教材名称：《成本会计理论与实务》

个人资料：

姓名：__________ 年龄：__________ 所在院校/专业__________

文化程度：__________ 通讯地址：__________

联系电话：__________ 电子信箱：__________

您使用本书是作为：□指定教材□选用教材□辅导教材

您对封面设计的满意度：

□很满意□满意□一般□不满意□改进建议__________

您对本书印刷质量的满意度：

□很满意□满意□一般□不满意□改进建议__________

您对本书的总体满意度：

从语言质量角度看□很满意□满意□一般□不满意□

从科技含量角度看□很满意□满意□一般□不满意□

本书最令您满意的是：

□指导明确□内容充实□讲解详尽□实例丰富

您认为本书在哪些地方应进行修改？（可附页）

____

____

您希望本书在哪些方面可进行改进？（可附页）

____

____